网络营销

高职高专电子商务系列教材

主　编　李　贞　刘婷婷
副主编　孟　彧　曹春花　詹　静

华东师范大学出版社

图书在版编目（CIP）数据

网络营销／李贞，刘婷婷主编. —上海：华东师
范大学出版社，2018
ISBN 978-7-5675-8001-5

Ⅰ.①网… Ⅱ.①李… ②刘… Ⅲ.①网络营销-高
等职业教育-教材 Ⅳ.①F713.365.2

中国版本图书馆 CIP 数据核字(2018)第 191497 号

网络营销

主　　编　李　贞　刘婷婷
责任编辑　皮瑞光
责任校对　周跃新
装帧设计　庄玉侠

出版发行　华东师范大学出版社
社　　址　上海市中山北路 3663 号　邮编 200062
网　　址　www. ecnupress. com. cn
电　　话　021-60821666　行政传真 021-62572105
客服电话　021-62865537　门市(邮购)电话 021-62869887
地　　址　上海市中山北路 3663 号华东师范大学校内先锋路口
网　　店　http://hdsdcbs.tmall.com/

印 刷 者　上海昌鑫龙印刷有限公司
开　　本　787×1092　16 开
印　　张　12.5
字　　数　319 千字
版　　次　2019 年 2 月第 1 版
印　　次　2019 年 2 月第 1 次
书　　号　ISBN 978-7-5675-8001-5/G·11292
定　　价　36.00 元

出版人　王　焰

(如发现本版图书有印订质量问题,请寄回本社客服中心调换或电话 021-62865537 联系)

前言

QIANYAN

　　随着信息时代的大踏步前进,营销领域也发生了深刻的变革。传统的纸质传单、人员推销、电视广告已不再能够满足现代社会的发展。本书结合当下网络营销的主流模式,以项目任务为导向,以培养复合型人才为目标,将网络营销人员所需的基础知识技能分解融入到项目应用中。通过项目实践,提升学习者网络营销的意识,拓宽网络营销的渠道,提升网络营销的实战能力。

　　本书共分9个项目,项目一简要介绍了网络营销的含义、特点、发展趋势,比较了网络营销与传统营销的异同,使学习者对网络营销有了初步认识;项目二主要使读者掌握网络营销调研的技能,包括了解网络营销调研的一般流程和常用方法及学习如何设计调查问卷;项目三使读者了解搜索引擎营销知识及掌握正确使用搜索引擎进行营销的方法,如选择合适关键词提升搜索排名等技巧;项目四介绍了运用网络社区进行营销的5种方法:微博营销、IM营销、知识问答推广、百科推广和文库推广,使学习者全面了解网络社区营销的主流平台及方法。项目五从网络广告出发,重点介绍网络广告的表现形式、定价模式、实施过程等;项目六重点介绍了基于客户活跃度的RFM分析方法及促销方法,使学习者掌握靶向营销方法;项目七依托数据分析技术,对会员进行精准营销,如节日营销和地区营销;项目八主要介绍了SoLoMo营销、移动应用程序营销、微信营销、二维码营销几种具有代表性的移动新媒体营销方式;项目九借助网络营销的可量化特点,主要介绍了网络营销评估的指标体系设置和实施步骤,使学习者掌握网络营销评估的具体操作方法。

　　作为高职双证融通的系列教材之一,本书延续了理实一体化的基因,采用真实案例,图文并茂生动展示了网络营销在现实世界的使用场景;引

前言

QIANYAN

入企业电商平台,使读者在轻松掌握网络营销基础知识时,全面掌握实务的操作技巧。本书所用的系统平台为: book. shopex. net。

本书由高职院校网络营销教师联合电商企业专家团队形成合力编撰完成,由李贞和刘婷婷担任主编并负责对全书统稿、总撰,由孟彧、曹春花、詹静担任副主编。由于编者水平有限,在撰写本书过程中难免出现疏漏之处,恳请广大读者批评斧正。

编　者
2019 年 1 月

目 录

MULU

目录

MULU

目录

MULU

项目一 网络营销概述

项目导读

　　网络经历了从无到有的过程,对人们的生活造成了深远的影响。对于企业来说,网络带来了商机,可以帮助企业更大范围、更便捷、更快速、更经济地开展营销,网络营销应运而生。在本项目中,我们将了解网络营销的相关知识。

项目学习目标

　　1. 了解网络营销的内涵;
　　2. 理解网络营销与传统营销的异同;
　　3. 掌握品牌营销的方法。

项目任务分解

　　1. 了解网络营销;
　　2. 比较网络营销与传统营销的异同;
　　3. 了解网络品牌、品牌价值和品牌策略。

任务一　了解网络营销

【任务描述】

　　网络的发展正不断改变着人们的生活:从生活方式、工作方式到商贸方式都在发生着改变。在本任务中,我们将学习什么是网络营销、网络营销的特点、网络营销的理论基础和发展趋势。

【任务实施】

一、网络营销概述

1. 网络营销的定义

　　网络营销是指企业为达到一定的营销目的,借助网络开展的营销活动。网络营销的方式有很多种,例如:网络广告营销、网络邮件营销、微博营销、移动营销、多媒体营销等。总的来说,只要是和互联网发生联系的企业营销活动都称为网络营销。

2. 网络营销的特点

（1）传统营销的特点

在传统营销中，企业的生产销售流程如图1-1所示。

图1-1 传统营销中企业的生产销售流程

传统营销从生产到销售之间有很多环节，每个环节涉及众多的人员和繁琐的操作，这就大大增加了产品的销售成本，降低了产品的时效性。另外，在传统营销中，市场营销策略是 **4P 组合策略（即产品 Product、价格 Price、渠道 Place、促销 Promotion）**，4P 营销策略的出发点是企业的利润，力求企业利润最大化。

（2）网络营销的特点

随着网络技术的发展和网络的普及，越来越多的企业开始接触互联网，它们利用互联网对企业的生产和运营进行改造，使企业的经营流程发生了很大变化，从生产到销售之间的环节缩短、人员减少、成本降低。

其营销流程如图1-2所示。

图1-2 网络营销流程

各个传统企业纷纷开始利用互联网，扩大自己的业务范围，也为消费者提供新的消费体验。在这种形势下，网络营销的优势逐渐凸显出来，以下是网络营销的主要特点：

① 范围广、不受时空限制。

互联网打破了地域和时间的限制，以互联网为基础产生的网络营销也具备这样的特质。只要有上网条件，企业就可以在 24 小时内不间断地把自己的产品卖到世界上任何地方。这是传统营销企业无法想象的。

② 成本低、速度快、更改灵活。

网络营销与传统营销相比，其营销流程短、环节少，无须像传统营销那样分发纸质宣传单，甚至可以不设线下门店，为企业节省了不少营销成本。

网络营销速度较快。传统营销中很多环节是需要人力来完成的；网络营销中，由于互联网、计算机工具的使用，大大缩短了从生产到销售的时间。

另外，企业的产品信息更改或者上下架更灵活。例如，企业在传统媒体上做广告发布后很难更改，如果要更改也需要一定的时间和金钱；网络营销中的企业想要修改广告信息就非常简单，只需几步简单的电脑操作即可。

③ 更具针对性和精准性。

在传统营销中，企业的营销活动大都是被动的，只能等着客户发现广告和产品。例如实体店的促销活动，只有路过的行人或某人通过朋友推荐才会知道这家店铺有活动。而在网络营销中，企业可通过各种网络推广工具，主动给目标客户推送营销广告，并且通过销售数据分析、客户数据分析，给目标客户推荐他们想要的商品，因此网络营销更具针对性和精准性。

3. 网络营销的职能

网络营销的职能有：网络推广、信息发布与收集、营销调研、促进销售、客户服务。

（1）网络推广

网络营销主要的内容之一就是对企业的品牌、企业网站、企业产品进行宣传和推广。网络营销中，客户的流量非常关键，获取高流量的一个方法就是推广。企业借助网络广告、微博、电子邮件等工具进行宣传推广，增加网站的客户流量和企业知名度。

（2）信息发布与收集

企业可以随时随地把信息发布到网上，或者从网上收集想要的信息。

（3）营销调研

营销调研是企业进行营销活动的前提。营销调研可以为企业经营管理提供信息、数据支持，改善企业的经营。网络调研可通过互联网在线发布调研问卷（比如：问卷星 https://www.wjx.cn/），并且可对调研搜集的数据自动进行汇总分析，形成汇总报告。相较于传统拦截调研、入户调研或电话调研等方式，网络调研具备便捷性和经济性等特质。

（4）促进销售

促销概念有广义和狭义之分。狭义的促销仅指销售促进（salepromotion），而广义的促销则包括销售促进、广告（advertising）、人员推销（personal selling）和公共关系（public relations）等四大促销组合（promotion mix）工具（科特勒，1999）。企业可通过网络发布优惠券、打折等促销活动，并将促销活动通过电子邮件和手机等渠道发送给目标客户。

（5）客户服务

企业可以借助网络工具对客户进行全天候、高效的服务，常见的网络客服工具有即时交流软件、电子邮件、在线问答等。另外，随着大数据的发展，借助数据分析工具可对客户进行"画像"，对客户进行信用等级分析，从而实现"人以群分"，对客户进行个性化服务。

二、 网络营销的理论基础和发展趋势

1. 网络营销的理论基础

网络营销的理论基础主要有网络直复营销理论、网络关系营销理论、网络软营销理论。

（1）网络直复营销理论

直复营销源于英译 Direct Marketing，即直接回应的营销。根据美国直复营销协会（DMA）的定义，直复市场营销是一种互动的营销系统，运用一种或多种广告媒介在任意地点产生可衡量的反应或交易。20 世纪 80 年代后，直复营销得到快速发展。直复营销理论认为网络营销是可测试的、可度量的、可评价的，这就为网络营销的评价提供了理论支持，从而解决了在传统营销中营销效果难以评价的问题。

（2）网络关系营销理论

关系营销产生于 20 世纪 90 年代，它从宏观和微观两个方面对营销进行了解释。从宏观上看，市场营销对很多领域产生影响，包括供应市场、内部市场、劳动力市场、相关者市场、影响者市场（政府、金融市场）；从微观上来看，市场营销的核心应从过去的简单的一次性的交易关系转变到注重保持长期的关系上来。[①] 企业的营销会受到很多因素的影响，包括消费者、供应

---

① 乌跃良. 网络营销理论与实践［M］. 北京：机械工业出版社，2011.

商、分销商、竞争者、政府机构和社会组织,与这些因素发生联系相互作用是一个长期的过程,正确理解和维护这些关系是企业营销的核心。

关系营销的理论核心是对客户关系的管理,加强和客户的联系,为客户提供满意的产品和服务,建立一种长期、持久的关系。

（3）网络软营销理论

软营销理论强调企业满足消费者的精神和心理需求。所以,软营销理论的一个主要特征就是营销礼仪,通过巧妙地运用营销礼仪来达到营销目标。它强调对消费者的尊重,注重消费者的消费体验;让企业转换营销视角,从消费者视角出发,把消费者的消费感受和情感体验纳入企业的营销考虑中。

2. 网络营销的发展趋势

从网络营销诞生至今,网络营销对企业的生产经营产生了巨大的影响;在网络营销快速发展的当代和未来,它还会不断发生改变。

（1）移动化营销

随着智能手机、iPad 等移动设备的普及和迅速发展,人们越来越依赖移动设备进行社交、购物、娱乐等活动,这对企业来说是一大商机,企业可以通过创建网站的移动端浏览版本,来为客户提供移动化的消费体验。根据阿里研究院数据分析,2017 年"双十一消费狂欢",我国消费者从移动端下单的比例超过 PC 端。

（2）社交化营销

QQ、微博、微信等社交平台的出现,使平台内容创造者迅速拥有了自己的拥护者,基于社交平台的网络营销成为大趋势,社交媒体的出现无疑是网络企业的新商机,企业可以通过社交渠道把自己的信息推送给更多的人。

（3）品牌人性化

随着社交媒体的崛起和社交媒体参与人数的剧增,越来越多的企业注意到客户管理的重要性。企业可以通过邮件、社区、在线客服等形式加强与客户的沟通和交流,人性化的服务是企业品牌人性化的重要表现。除了服务的人性化,产品设计、购物流程的人性化也在不断加强,如 VR 技术的应用大大提高了网络购物的体验度,体现了品牌人性化的发展策略。

（4）内容营销将空前壮大

在网络营销发展的最初,普及量是很多企业追求的一个指标,通过大量的网络广告、邮件、短信对客户进行狂轰滥炸。但随着新的营销技术和营销理念的出现,越来越多的企业开始意识到内容营销的重要性。通过对目标客户投放有针对性的营销内容来实现企业的营销目标,更能提高营销的效率。可见,内容营销更注重"质量"而不是"数量"。

（5）重定向广告将提高效率

我们在上网时经常会遇到这样的情况,比如你在淘宝上浏览过女鞋商品,当你退出淘宝登录微博时,微博上的页面广告也会给你推荐女鞋商品,这就是广告重定向。它的工作原理就是通过浏览器的 Cookies 追踪你访问的网站,就算你离开某个购物网站,你在浏览其他网站时你浏览过的商品也会以广告的形式呈现给你。

这种技术的有效性体现在通过重复出现不断加深消费者的印象,使消费者产生熟悉感及建立信任,促使消费者做出购买决定。

【任务评价】

- 自我评价

主 要 内 容	自我评价等级(在符合的情况下面打"√")			
	全都做到了	大部分(80%)做到了	基本(60%)做到了	没做到
熟悉网络营销的基本内涵				
理解网络营销产生的环境				
了解网络营销的发展趋势				
自我总结　　我的优势 　　　　　　我的不足 　　　　　　我的努力目标 　　　　　　我的具体措施				

- 小组评价

主 要 内 容	小组评价等级(在符合的情况下面打"√")			
	全都做到了	大部分(80%)做到了	基本(60%)做到了	没做到
熟悉网络营销的基本内涵				
理解网络营销产生的环境				
了解网络营销的发展趋势				

建议

　　组长签名：　　　　　　　　　　　　　　　　　　　　　　　年　月　日

- 教师评价

主 要 内 容	教师评价等级(在符合的情况下面打"√")			
	优 秀	良 好	合 格	不合格
熟悉网络营销的基本内涵				
理解网络营销产生的环境				
了解网络营销的发展趋势				

评语

　　教师签名：　　　　　　　　　　　　　　　　　　　　　　　年　月　日

任务二 比较网络营销与传统营销的异同

【任务描述】

在日常生活中,我们喜欢在网上淘好看、实惠的商品,但是目前生活中的很多用品我们还是会选择去商店购买。网络营销带给了我们快捷和便利,但我们还是离不开传统营销。这两种营销方式构成了当前的消费市场。在本任务中,我们将具体对这两种营销方式进行比较。

【任务实施】

一、传统营销的概念

传统营销是指卖家和买家面对面进行交易的一种营销方式。卖家可以通过语言、语气、动作、神态等各种技巧把尽可能多的产品卖给消费者。

传统营销中的推广依靠的是传统的媒体工具,例如电视、广播、户外广告牌、杂志等,通过电视广告、广播广告、户外广告、平面广告等把产品或企业信息传播给消费者。

传统营销具有以下几个局限性:

① 地域局限性——传统企业的销售一般只针对当地人。

② 知名度局限性——受店铺地域局限性影响,传统企业的推广范围一般也只针对店铺所在地区。

③ 经营成本高——人员工资、铺面的租金费用高。

二、比较网络营销与传统营销

1. 网络营销和传统营销的共同性

网络营销和传统营销都是企业营销的一种模式,通过借助各种的营销工具和营销策略,达到企业的营销目的。它们的共同性如表1-1所示:

表1-1 网络营销和传统营销的共同性

	传统营销　　　　　　　　　　　　　网络营销
经营目的相同	都是通过宣传、销售商品和服务,加强与消费者的交流和沟通,最终实现企业最小投入、最大盈利的经营目的
都需要通过营销组合发挥作用	二者都不是仅靠某一种策略来实现企业经营目标的,而是通过整合企业各种资源、营销策略等要素,开展各种具体的营销活动,最终实现企业预定的营销目的
都是以满足消费者的需要为出发点	无论是网络营销,还是传统营销,都要以满足消费者需求作为一切经营活动的出发点。对消费者需求的满足,不仅仅停留在现实需求上,还包括客户潜在的需求,这些都是通过市场商品交换进行的

2. 网络营销与传统营销的区别

网络营销是一种新的营销方式,具有全新的方法和理念,与传统营销有着本质区别,具体表现在以下几个方面(见表1-2)：

表1-2　网络营销与传统营销的区别

	传 统 营 销	网 络 营 销
营销理念不同	以企业利益为主	注重客户体验和意愿
营销目标不同	传统营销策略注重和强调的是企业利润的最大化,而不是客户是否得到了最好的满足,也不是他们的产品是否符合客户的需求	网络营销强调以顾客为中心,通过满足顾客需求,为顾客提供优质、便利服务而实现企业价值,通过满足顾客的个性化需求,最终实现企业利润最大化
营销方式不同	主动推销	通过分析客户的需求和喜好,提供有针对性的商品和服务,让客户主动购买
营销媒介不同	导购人员、传统媒体广告	互联网
消费体验不同	消费者自己花费大量时间和精力去选购商品,而且受卖家销售时间和地点的影响较大	消费不受时间和地点的影响,消费者可以节省时间和精力

对企业来说,网络营销缩短了产品从生产到销售的流通环节,为企业节省了流通成本;节省了企业的人员和店铺的租金,为企业节省了销售成本;企业采购也可以通过网络来进行,如在网络上收集资料、与供应商联系等,节省了企业的采购成本;企业可以通过在线信息、邮件等与客户交流,通过 CRM 等软件管理客户信息,节省了企业的客户管理成本。网络营销对企业的好处有很多,不仅是节约成本,还对企业经营理念、经营工具、经营方法等方面产生巨大的影响。

对消费者来说,消费者可以在任何时间、任何地点在全球范围内搜寻更优惠、更优质的商品,以满足自己的需要。

三、网络营销与传统营销的理论整合

虽然通过对比我们了解了传统营销的一些局限性,但是传统营销在我们市场经济的发展中的作用却是不能取代的。传统营销和网络营销两者将长期共存、优势互补,并走向融合。2016 年,马云在云栖大会上正式提出"新零售"概念,"盒马鲜生"开始强势重构人们的消费生活场景。

1. 传统营销是网络营销的发展基础

虽然相较于传统营销,网络营销在营销理念、营销目标、营销方式、营销媒介、消费体验方面都发生了很大的变化,但两者的本质都是企业营销的一种方式。网络营销是传统营销在互联网时代发展的结果,是传统营销模式的延伸。网络营销的很多理论源于传统营销,是传统营销满足社会经济市场的发展需要。

2. 传统营销依然发挥着不可取代的作用

虽然网络营销给消费者和企业带来了巨大的改变,并且日益发展为市场营销中的重要组成部分,但是网络营销不能完全替代传统营销,传统营销还是现代市场中的主要营销方式之一,它的很多优点是网络营销无法取代的。

① 网络营销虽然在年轻人中很有市场,但是很多老年人和经济落后地区对网络营销还不熟悉。在这些网络营销还没有覆盖的领域,传统营销还发挥着主体作用。

② 在传统营销中,消费者亲自挑选商品、试用、浏览的过程是网络营销所不能提供的。逛街、挑选对很多消费者来说是一种生活乐趣,而这种乐趣在网络营销中却无法体会。另外,对于部分发展不成熟或者非标准化的商品,消费者购买需要参考大量信息,这些信息有时是无法通过互联网来呈现的,这样消费者就会有很多购买疑虑。

③ 黑客和各种网络犯罪的存在,使网络交易存在风险,一些对风险敏感的客户更愿意在实体店购买。

3. 网络营销和传统营销相互作用、相互促进

网络营销是在传统营销的基础上发展而来的,它的出现和发展改变传统营销的实际存在状态。但是,网络营销和传统营销都同属于企业营销策略,它们并不是相互独立的,而是优势互补、相互促进、相互影响的,企业可以充分结合两者的特点和优势,有效整合两者的优点,发挥两者的最大功效。

 【任务评价】

- 自我评价

主 要 内 容	自我评价等级(在符合的情况下面打"√")			
	全都做到了	大部分(80%)做到了	基本(60%)做到了	没做到
熟悉传统营销的营销模式				
理解两种营销模式的异同				
了解两种营销模式的整合				
自我总结　我的优势　我的不足　我的努力目标　我的具体措施				

- 小组评价

主 要 内 容	小组评价等级(在符合的情况下面打"√")			
	全都做到了	大部分(80%)做到了	基本(60%)做到了	没做到
熟悉传统营销的营销模式				
理解两种营销模式的异同				
了解两种营销模式的整合				

建议

组长签名:　　　　　　　　　　　　　　　　　　　　　　　年　月　日

● 教师评价

主 要 内 容	教师评价等级(在符合的情况下面打"√")			
	优　秀	良　好	合　格	不合格
熟悉传统营销的营销模式				
理解两种营销模式的异同				
了解两种营销模式的整合				

评语

教师签名：　　　　　　　　　　　　　　　　　　　　　　年　月　日

任务三　了解网络品牌、品牌价值和品牌策略

【任务描述】

如京东商城、淘宝网、美团网、携程、腾讯、滴滴出行等品牌都是在网络营销出现后,在互联网上建立起来的品牌,目前占有较大的市场份额,品牌价值较高。在本任务中,我们将学习网络品牌相关的知识内容。

【任务实施】

一、网络品牌

1. 网络品牌的含义

网络品牌的含义有两种:

① 企业已有实体店品牌,然后把品牌延伸到互联网,即企业线下品牌的线上延伸。

② 企业没有线下品牌,通过互联网建立起来的品牌。

品牌是企业推广的一种手段,也是企业的价值所在。根据美国网络对话以及国际商标协会的调查显示:在网络使用中,有 1/3 的使用者会因为网络上的品牌形象而改变其对原有品牌形象的印象;有 50% 的网上购物者会受网络品牌的影响,进而在离线后也购买该品牌的产品;相反,如果企业的网络品牌较差,消费者也不会愿意到企业的实体店消费。

2. 网络品牌的特征

网络品牌的特征主要可以表现为以下几个方面:

① 个性化。个性化的品牌容易让消费者记住。

② 数字化。网络品牌依附于互联网,数字化是网络品牌的基础。

③ 唯一性。网络品牌具有唯一性,不会重复。

④ 虚拟化。网络品牌是建立在互联网上的,具有虚拟性。

⑤ 独创性。独创性可以帮助网络品牌确立市场细分和专业化定位。

二、品牌价值

1. 品牌价值的含义

品牌是指企业与其他竞争者的产品或劳务相区分的名称、术语、象征、记号或者设计及其组合,是企业具有经济价值的无形资产。

品牌价值是企业品牌区别于同类竞争品牌的重要标志,也是品牌管理要素中最为核心的部分。品牌价值来源于消费者对企业产品和服务的认可。

品牌价值主要包括品牌销售力和品牌溢价力两个方面:品牌销售力是指在同等品质和价格情况下,企业的产品比竞争对手卖得更多更快的能力;品牌溢价力是指在同等品质和销售量情况下,企业产品比竞争对手卖得更贵的能力。

品牌价值最终体现在品牌能为企业带来的盈利上,带来的盈利越多,说明品牌价值越大;盈利越少,说明品牌价值越低。所以销售额和利润额是评价品牌价值的最主要依据。

评价品牌价值的大小除了销售额和利润外,还需要考虑以下因素:

① 品牌历史。品牌历史越长,价值越大。

② 品牌成长性。品牌成长性越大,品牌价值越大。

③ 品牌所在行业。买方与卖方信息不对称越大的行业,比如房地产业,品牌价值越大。

④ 品牌替代性。替代性越强,品牌价值越低。

⑤ 品牌行业地位。行业地位越高,价值越大。

⑥ 品牌稳定性。品牌越稳定,价值越大。

⑦ 品牌影响地域范围。品牌影响范围越大,价值越高。

2. 品牌价值提升策略

(1) 购买品牌

有时候企业在进入一个新的市场时会遇到很多问题,例如消费者不熟悉企业和产品、已有的同行业竞争对手的存在、市场壁垒等,企业开拓一个新品牌将要付出更多的成本和花费更多的时间,这时购买一个市场中已有的品牌就成了很多企业的选择。可以购买一个市场中原有的品牌,再把这个品牌进行拓展,提升它的品牌价值,从而使企业顺利进入市场,获得市场份额。

联合利华在全球有 400 多个品牌(如图 1-3 所示),其中很多品牌都是它从市场中收购来的,“旁氏”原是一个美国品牌,联合利华将其买下并发展为一个护肤品名牌,推广到中国;“夏士莲”原是在东南亚推广的一个英国牌子,联合利华将其买下引入中国;“中华牙膏”原是我们中国的一大品牌,联合利华用“租赁”方式在中国市场上销售。

(2) 强强联手

有时候几个企业联合起来,可以创造出更多的附加值。很多知名的国际品牌都采用过强强联合的营销策略。

星巴克是咖啡行业的知名品牌。联合航空是航空行业的大品牌。星巴克和联合航空合作,一方面双方都拓展了新的业务领域,使自己的产品覆盖到更广的市场空间;另

图1-3　联合利华的众多品牌

一方面也正是由于这种优势合作,使它们在各自领域中的品牌价值得到了确实的提升。事实证明,许多星巴克的忠实顾客正是由于星巴克的新举措,变成了联合航空的顾客;而许多星巴克的"拥护者"也是在联合航空上结识并开始"衷情"于这一"咖啡之星"的。

大企业之间的联合可以获得更大的市场,小企业也可以通过联合增强自己的品牌价值。小企业可以通过与一些知名的大企业合作,依托大企业的优势资源,拓展自己的市场渠道。

(3)品牌延伸

品牌延伸战略包括副品牌战略和多品牌战略。

① 副品牌是通过给统一品牌建立副品牌,利用消费者对现有成功品牌的信赖和忠诚,推动副品牌产品的销售(见表1-3)。

　　海尔制定了多个副品牌,对统一品牌战略进行了有效补充。如把美容加湿器叫"小梦露"、电视机叫"探路者"、0.5公斤的小洗衣机叫"即时洗",消费者对其一目了然。对同一产品,也可以按规格、功能、档次创建品牌,例如海尔冰箱选用"帅王子"、"小王子"、"小小王子"等。

　　这样就可以避免产生类似"海尔就是冰箱"、"长虹就是彩电"、"小天鹅就是洗衣机"的思维定式。通过引导消费者突破原有的消费思维定式,接受和认可新产品,并将对统一品牌的信赖、忠诚迅速转移到新产品上来。

表1-3 海尔产品部分副品牌

洗衣机	波轮式	神贵王、小神童、小小神童
	滚筒式	圆梦、小丽人、丽达、玛格丽特
	窗机	小英才、小小英才
空调	柜机	小元帅、大元帅
	挂机	小超人、新超人、小状元、金状元
彩电		探路者、美高美、宝德龙
冰箱		小统帅、金统帅、超市统帅
冷柜		水晶网、珍珠王、钻石王、雪王子
热水器		小海象、金海象、银海象

② 多品牌是通过建立多个品牌来提升企业的品牌价值。

宝洁是多品牌战略比较成功的企业(如图1-4所示)。宝洁的品牌营销策略是占领多个市场。举例来说,在美国市场上,宝洁有8种洗衣粉品牌、6种肥皂品牌、4种洗发精品牌和3种牙膏品牌,每种品牌的诉求都不一样,宝洁也正是利用品牌之间功能、个性的差别赢得了不同需求和生活品位的用户,而且每个品牌都有自己的发展空间,不会发生市场重叠,使它在各产业中拥有极高的市场占有率。

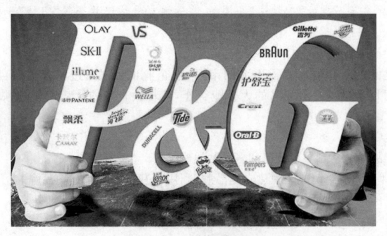

图1-4 宝洁产品

宝洁的多品牌战略之所以成功,与宝洁前期充分的市场细分和定位有关,宝洁的多品牌战略还用一种统一的品牌精神,很好地把多个品牌串联起来,为用户提供良好的消费体验。

(4) 渠道渗透

提升企业的品牌价值可以通过扩展销售渠道来实现。拓展销售渠道,让客户和潜在客户经常见到企业品牌,给客户一种熟悉感,那么他在消费时就会容易想起你的产品,购买时也会少一些担心和不信任。而要达到这种效果,就需要企业不断拓展销售渠道,加大对市场的渗透。

例如,可口可乐公司在全球遍设销售渠道,发展大量的经销商,可口可乐产品不但在超市、自动售货机、便利店里有卖,甚至在电影院、音像商店都能买到。

三、品牌策略

品牌策略是企业实现品牌价值的过程,是品牌管理最重要的环节。

品牌策略主要有 7 项:**品牌化决策、品牌使用者决策、品牌名称决策、品牌战略决策、品牌再定位决策、品牌延伸策略、品牌更新策略。**

1. 品牌化决策

品牌化是指给企业产品起名、设计标志。在以前,很多日常消费品没有品牌,生产出来之后直接销售,无须包装和品牌标志。例如大米、蔬菜、鸡蛋、水果等,这些商品现在都被设以包装,冠以品牌,这样能以更高的价格销售,获得品牌化带来的价值,如图1-5所示。

图1-5　品牌化

使用品牌对企业有如下好处:

① 有利于订单处理和对产品的跟踪,能够方便企业对产品进行销售追踪;

② 品牌申请有相关法律保护,避免被他人模仿;

③ 为吸引忠诚顾客提供了机会,让客户喜欢企业产品,习惯购买企业产品;

④ 有助于市场细分,帮助企业分析市场发展;

⑤ 有助于树立产品和企业形象,体现企业的特点。

尽管品牌化是企业发展的大趋势,但是企业建立品牌还需考虑机会成本。品牌的建立、维护、保护都需要巨大的成本,所以并非所有企业和商品都适合开展品牌化。例如市场中包装简单、价格低廉的基本生活用品很多都没有品牌,这样可以让生产企业降低在包装和广告上的开支,以取得价格优势。

2. 品牌使用者决策

在商品交易中,主要有经销商和制造商两种企业类型。品牌使用者决策是指企业使用自己(制造商)的品牌,还是经销商的品牌,或两种品牌同时兼用。

通常情况下,制造商在生产产品时都会给产品标上标记,产品的设计、质量等都由制造商来决定。

随着市场交易的发展,经销商品牌日益增多。经销商使用自己的品牌可以带来很多优势,如进货量大时可以与制造商商量更低的进货价格,进货成本低可以获得较强的市场竞争力。

3. 品牌名称决策

品牌名称决策是指企业决定所有的产品使用一个或几个品牌,还是不同产品分别使用不同的品牌。品牌名称决策大致分为以下四种决策模式:

① 每个产品使用不同的品牌;

② 所有产品使用共同的家族品牌名称;

③ 各大类产品使用不同的家族品牌名称;

④ 个别品牌名称与企业名称并用。

4. 品牌战略决策

品牌战略决策有四种：产品线扩展策略、多品牌策略、新品牌策略、合作品牌策略。

① 产品线扩展策略。企业现有的产品线使用同一品牌，当增加该产品线时，还是继续使用原品牌。

② 多品牌策略。为不同类型、功能的产品设计不同的品牌。

③ 新品牌策略。给新产品设计与原品牌不同的新品牌。

④ 合作品牌策略。两个或更多的品牌在一个产品上联合起来。

5. 品牌再定位决策

品牌再定位决策是指企业在发展过程中遇到障碍，发展出现问题，企业转变品牌经营策略，对品牌进行重新定位。比如转变品牌宣传策略、改变品牌宣传形象等。

企业进行品牌再定位时需要考虑以下两点：

首先，应考虑品牌再定位的成本，包括新品成本、产品品质改变成本、设计成本、包装成本和宣传成本。一般来说，再定位跨度越大，成本越大。

其次，考虑品牌定位后可能产生的收益。影响企业收益的因素有：目标市场的消费者购买容量、消费者的平均购买率、竞争对手的实力等。下面以太太口服液为例。

> 深圳太太口服液，最初宣传的是产品能治疗黄褐斑，还请了明星做广告，扩大了知名度。但是企业的品牌定位不清晰，发展几年后企业的销售额和品牌形象都没有大的提升。后来，太太口服液对企业品牌进行了再定位，研发新产品，把产品的功能定位为现代女性追求美容养颜的中药制品，让女性更自信、更独立、更漂亮，避免产品功能单一带来的弊端。后来企业又发掘产品的卖点，把太太口服液定位为由内而外的美容护肤品。重新定位后，太太口服液销量获得突破性增长，也在消费者中树立了良好的品牌形象。

6. 品牌延伸策略

品牌延伸，是指企业把一个现有的品牌名称使用到一个新类别的产品上。品牌延伸不只是简单地使用品牌名称，而是对整个品牌资产的策略性使用。

品牌的发展也是有一定周期的，整个过程包括导入期、成长期、成熟期和衰退期。在品牌不断衰退时，企业需要考虑发挥品牌的潜能，将品牌的生命周期延长，为企业创造更多的价值。所以企业在推出新产品的时候，需要考虑到底是沿用旧品牌还是创新新品牌。

7. 品牌更新策略

随着经济全球化的发展，市场经营环境和消费者需求都在不断发生着变化，企业的品牌内涵和表现形式也需要与时俱进、不断发展，适应社会的需要。品牌更新就是企业根据变化不断发展、适应、变化的过程。品牌更新也叫品牌创新。

由于内部和外部影响因素的存在，企业品牌在发展过程中会遇到老化、衰退等问题，这个时候就需要企业进行品牌创新，从品牌形象、宣传推广、产品研发、包装设计等方面更新品牌内涵。

> 创立于 1908 年的李库珀牛仔裤是一个著名的服装品牌，近百年来，其品牌形象不断变化：二十世纪四十年代——自由无拘束；五十年代——叛逆；六十年代——轻松时髦；七十年代——豪放粗犷；八十年代——新浪潮下的标新立异；九十年代——返璞归真。

【任务评价】

● 自我评价

主 要 内 容	自我评价等级(在符合的情况下面打"√")			
	全都做到了	大部分(80%)做到了	基本(60%)做到了	没做到
熟悉网络品牌的含义特征				
理解品牌价值的两个方面				
了解7种主要的品牌策略				
自我总结　　我的优势 　　　　　我的不足 　　　　　我的努力目标 　　　　　我的具体措施				

● 小组评价

主 要 内 容	小组评价等级(在符合的情况下面打"√")			
	全都做到了	大部分(80%)做到了	基本(60%)做到了	没做到
熟悉网络品牌的含义特征				
理解品牌价值的两个方面				
了解7种主要的品牌策略				

建议

　　组长签名：　　　　　　　　　　　　　　　　　　　　　年　月　日

● 教师评价

主 要 内 容	教师评价等级(在符合的情况下面打"√")			
	优　秀	良　好	合　格	不合格
熟悉网络品牌的含义特征				
理解品牌价值的两个方面				
了解7种主要的品牌策略				

评语

　　教师签名：　　　　　　　　　　　　　　　　　　　　　年　月　日

【拓展活动】

选择一个知名品牌,了解它的品牌策略。

· 项目小结与评价 ·

※ 项目小结

在本项目中,我们主要学习了网络营销以及网络品牌、品牌价值和品牌策略。在网络营销内容的学习中,通过了解网络营销产生的环境和理论基础来对网络营销有一个大致的理解。然后又通过网络营销与传统营销的对比加深对网络营销概念、表现形式和发展的理解。在任务三中,我们又进一步了解了网络营销的三个重要因素:网络品牌、品牌价值和品牌策略,通过具体企业的相关案例来了解企业网络营销内容的发展。

※ 项目评价

- 自我评价

主 要 内 容	自我评价等级(在符合的情况下面打"√")			
	全都做到了	大部分(80%)做到了	基本(60%)做到了	没做到
熟悉网络营销的基本知识				
理解品牌价值与价值策略				
了解7种主要的品牌策略				
自我总结　我的优势　我的不足　我的努力目标　我的具体措施				

- 小组评价

主 要 内 容	小组评价等级(在符合的情况下面打"√")			
	全都做到了	大部分(80%)做到了	基本(60%)做到了	没做到
熟悉网络营销的基本知识				
理解品牌价值与价值策略				
了解7种主要的品牌策略				

建议

组长签名:　　　　　　　　　　　　　　　　　　　　　　年　月　日

● 教师评价

主 要 内 容	教师评价等级(在符合的情况下面打"√")			
	优 秀	良 好	合 格	不合格
熟悉网络营销的基本知识				
理解品牌价值与价值策略				
了解 7 种主要的品牌策略				

评语

教师签名：　　　　　　　　　　　　　　　　　　　年 月 日

————————————————— ·项 目 练 习· —————————————————

一、单选题

　　1. 网络营销的特点不含以下哪个？（　　　）

　　A. 范围广　　　　　B. 不够灵活　　　　C. 精准　　　　　D. 成本较低

　　2. 下列哪项不属于网络营销的职能？（　　　）

　　A. 网络推广　　　　B. 信息发布　　　　C. 数据统计　　　D. 营销调研

　　3. 传统广告不包含以下哪种广告？（　　　）

　　A. 电视广告　　　　B. 平面广告　　　　C. 广播广告　　　D. 微博广告

　　4. 下列哪一项是品牌价值提升策略？（　　　）

　　A. 定位创新　　　　B. 强强联手　　　　C. 把握时机　　　D. 品牌差异化

　　5. 洗发水品牌"飘柔"是哪家公司的旗下品牌？（　　　　）

　　A. 联合利华　　　　B. 强生　　　　　　C. 宝洁　　　　　D. 沃尔玛

二、多选题

　　1. 营销领域的 4P 组合策略是指（　　　　）。

　　A. 产品　　　　　　B. 价格　　　　　　C. 渠道　　　　　D. 促销

　　2. 以下哪些品牌是互联网品牌？（　　　）

　　A. 京东　　　　　　B. 滴滴　　　　　　C. 淘宝　　　　　D. 百度

　　3. 网络品牌的特征主要包含（　　　　）。

　　A. 个性化　　　　　B. 数字化　　　　　C. 虚拟化　　　　D. 标准化

　　4. 品牌价值提升策略包括（　　　　）。

　　A. 购买品牌　　　　B. 强强联手　　　　C. 品牌延伸　　　D. 渠道渗透

　　5. 下列哪几项是网络营销与传统营销的不同点？（　　　　）

　　A. 营销目标不同　　B. 营销方式不同　　C. 营销媒介不同　D. 营销理念不同

三、判断题

　　1. 网络营销具有虚拟化的特点。　　　　　　　　　　　　　　　　　　（　　　）

2. 网络营销会取代传统营销。 （ ）
3. 购买品牌是品牌价值的提升策略。 （ ）
4. 传统营销的缺点是成本高。 （ ）
5. 传统营销与网络营销的营销目标相同。 （ ）

企业在进行一项营销活动时,往往都会事先对市场进行了解,这种对市场情况的了解就是市场调研。企业再根据市场调研结果,制定、修正自己的营销策略,使产生出的产品或服务符合市场的需求,只有这样才能达到营销目标,获取更多的利润。不同的人对网络营销调研有不同的解释,在本项目中我们将学习网络营销调研的概念、方法、调查问卷设计和信息检索。

项目学习目标

1. 了解网络市场调研的基本知识;
2. 学习如何设计调查问卷;
3. 了解网络信息检索的方法。

项目任务分解

1. 了解网络营销调研;
2. 学习设计调查问卷;
3. 了解网络信息检索。

任务一　了解网络营销调研

【任务描述】

市场调研有助于企业及时了解消费者的需求、偏好、行为习惯等,其调研结果能够为企业制定经营管理决策提供信息支持。在电子商务企业的日常运行过程中,网络营销调研是必不可少的环节。在本任务中,我们将学习网络营销调研的概念和一般流程。

【任务实施】

一、网络营销调研的含义、特点和策略

1. 网络营销调研的定义

网络营销调研是指借助互联网工具,为实现一定目的,有计划地收集、整理和分析与企业市场营销有关的各种情报、信息和资料,为企业市场营销提供依据的信息管理活动。

企业可以收集相关数据和信息,为企业的经营决策、营销活动提供支持,以帮助企业提高

营销效率。网络营销调研是企业市场的一种,通过借助网络工具,企业可以更加经济、便捷地进行调研、统计和分析,并把相关的分析结果反馈给管理者。

2. 网络营销调研的主要内容

网络营销调研的内容主要有以下三个部分:

(1) 市场需求容量调研

市场需求容量是指市场对企业产品或服务的需求量的多少,不同的产品市场需求量不一样。市场需求量调研可以考虑以下因素:现有容量和需求容量;竞争对手的市场占有量;相关产品和互补产品的容量等。

(2) 可控因素调研

可控因素是指由企业主观可控制的一些因素,例如价格、产品、促销方式、销售渠道等。

① 产品调研。产品调研是指为了解顾客对产品的意见和要求而进行的调研。产品调研一般包含产品寿命周期、产品的包装、产品使用情况、顾客需求等。

② 价格调研。价格调研是指为了了解企业的产品价格的市场竞争而进行的调研。一般包括客户对价格的评价、竞争对手的价格、市场价格等。

③ 促销方式调研。促销调研主要是对人员推销、广告宣传、公共关系等促销方式的实施效果进行分析、对比。

④ 销售渠道调研。销售渠道调研包括:企业现有产品分销渠道状况;中间商在分销渠道中的作用及各自实力;用户对中间商尤其是代理商、零售商的印象等项内容的调研。

(3) 不可控制因素调研

不可控制因素是指一些客观存在的、企业无法控制和改变的因素,例如社会文化、政治环境、经济发展状况、技术发展、竞争对手等。

3. 网络市场调研的特点

网络市场调研因为依附于网络工具进行的,所以它具有很多互联网产品的特点。

(1) 网络调研具有及时性和开放性

网络调研需要借助一定的网络和计算机工具,而网络能够很快地进行信息的传输,不受距离因素的影响。例如,企业过去想要了解客户对产品的满意度需要制作纸质的调查问卷,邮寄给客户,客户填写完后再邮寄回来,这个过程需要至少 3 个月的时间;而现在企业可以通过给客户的电子邮箱发送网页版的调查问卷,客户回答完问题点击提交,企业即可得到调查结果。这就是网络调研的及时性。

另外,网络调研还具有开放性。很多企业的调研问卷和调研结果都是对用户开放的,比如有些企业把调研问卷放在企业的网站上,任何登录企业网站的用户都可以参与调研。同时,用户还可以查看调研结果数据,了解企业的调研进展。

(2) 网络调研具有便捷性和经济性

对于企业来说,只要具有上网设备,企业就可以随时随地制作问卷、修改信息等,而且调查结果的反馈也非常快,只要用户回答完问卷提交,企业就可以得到统计和分析结果。

同时,网络调研的成本也非常低。首先它可以节省制作和印刷调研问卷的费用,其次还节省了调研员外出调研的费用和人力,最后网络调研还省了信息录入、信息分析、信息处理的时间和费用,因为这些工作都可以通过计算机和网络完成。所以网络调研对于企业和用户来说都非常便捷、经济。

（3）网络调研具有交互性和充分性

网络调研的交互性体现在客户在调研过程的高参与度和互动性。在进行网络调研时，被调查者可以及时对问卷相关问题提出自己的建议和看法，为企业完善问卷内容提供帮助。其次在网络调研中，客户可以更自由地发表自己的看法，而较少地受到客观因素的影响。比如在传统调研中，调研人员和被调研者是面对面的，有些被调研者不敢或不好意思把一些问题反馈给调研人员；但是在网络调研中，由于网络带给被调研者的匿名感，被调研者会比较自由地发表自己的观点和看法，所以说网络调研更具充分性。

（4）网络调研结果具有可靠性和客观性

在传统的调研活动中，一般是由调研人员主动寻找、拦截一些过路的人进行的，有时还会通过回答问题提供礼品的方式吸引被调查者参与。这种情况下，被调研者不一定了解企业产品、不一定能客观地回答问题，这就导致了调研结果缺乏可靠性和客观性。与传统市场调研相比，网络调研的参与用户一般是对企业产品感兴趣的人，这部分人才会浏览企业网站，看到企业网站页面的调查问卷，并主动填写问卷。所以这种调研完全是在一种自主、独立的情况下进行的，最大限度避免了外界因素的影响，调研结果更具可靠性和客观性。

（5）网络调研无时间和地域的限制性

在传统调研中，需要依靠工作人员上街来发放问卷让路过人回答，这会受时间、地点还有天气等其他状况的影响。在网络调研中，只要具备上网条件，企业可以随时随地制作和发放问卷，用户也可以随时随地回答问卷，没有时间和地域的限制。

（6）调研信息的可检验性和可控制性

网络调研可以通过设置相关的检验指标和参数，避免被调研者因为理解不清或者调研者解释不清造成的调研结果偏差。并且在调研完成后，还可以通过相关程序进行 100% 的复核检验，避免调研过程中可能存在的作弊行为，比如同一用户多次答卷、同一 IP 地址多次参与同一问答等。

二、 网络市场调研的一般流程和常用方法

网络市场调研一般包括以下几个步骤（如图 2-1 所示）：

图 2-1　网络调研步骤

1. 明确问题与确定调研目标

企业的每一项活动都有其相应的目标，网络调研也不例外。在制定调研计划之前，首先需要做的就是明确调研目标，这样才能围绕目标开展一系列的工作，安排接下来的工作计划。常见的调研目标有以下几点：

① 了解哪些是目前正在使用产品的用户。

② 了解哪些是潜在的企业客户。

③ 了解客户对产品的使用情况。

④ 了解客户对企业服务的满意度。

⑤ 了解竞争对手的市场占有率。

2. 制定调研计划

调研计划包括以下几部分：

① 资料来源：调研收集的资料是一手资料还是二手资料。

② 调查方法：专题讨论法,通过论坛等讨论组的形式进行;问卷调查法,通过网络电子问卷进行调研;实验法,建立实验组,设定可变的参数环境,通过不断改变参数的形式来得到调研结果。

③ 调研手段：在线问卷;交互式电脑辅助电话访谈系统;网络调研软件系统。

④ 抽样方案：是采取所有问卷统计还是抽样统计? 抽样规则如何设计?

⑤ 联系方法：采取网上交流的形式,如 E-mail 传输问卷、参加网上论坛等。

3. 收集信息

制定好调研计划后,就需要设计调研问卷来收集想要的信息。企业只需把调研问卷发布出去即可。发布调研问卷的方法有以下几种：

① 把问卷发布在企业网站上,登录、浏览企业网站的用户就可以在网页上直接回答。

② 通过电子邮件的形式把问卷发给客户,客户在邮箱中打开或下载问卷,回答完再把邮件发回给企业。

③ 网络调研广告,用户点击广告则可通过链接进入问卷页面。

4. 分析信息

在收集到信息后,信息往往是一堆数据和表格,这时还需要调研人员对这些数据信息进行分析。调研人员如何从数据中提炼出与调查目标相关的信息,直接影响到最终的结果。在进行分析时,可以通过一些分析工具来进行,例如 SPSS、SAS 等。

5. 提交报告

网络调研的最后一步就是提交调研报告。网络调研最后呈现给企业管理者是以报告的形式,而不是简单的图表和数据堆砌。调研人员需要把数据整理,得出分析结果,并给出问题分析原因和意见建议。这样管理者才能通过报告看到相关的调研信息和分析结果,从而做出企业经营决策。

 【任务评价】

- 自我评价

主 要 内 容	自我评价等级(在符合的情况下面打"√")			
	全都做到了	大部分(80%)做到了	基本(60%)做到了	没做到
熟悉网络市场调研的含义				
理解网络市场调研的特点				
了解网络市场调研的流程				
自我总结 我的优势				
我的不足				
我的努力目标				
我的具体措施				

- 小组评价

主　要　内　容	小组评价等级(在符合的情况下面打"√")			
	全都做到了	大部分(80%)做到了	基本(60%)做到了	没做到
熟悉网络市场调研的含义				
理解网络市场调研的特点				
了解网络市场调研的流程				

建议

　　组长签名：　　　　　　　　　　　　　　　　　　　　年　月　日

- 教师评价

主　要　内　容	教师评价等级(在符合的情况下面打"√")			
	优　秀	良　好	合　格	不合格
熟悉网络市场调研的含义				
理解网络市场调研的特点				
了解网络市场调研的流程				

评语

　　教师签名：　　　　　　　　　　　　　　　　　　　　年　月　日

任务二　学习设计调查问卷

【任务描述】

　　网络市场调研是一种获取信息的方式，通过调查、研究，我们可以获取想要的信息并帮助企业运营提供决策依据。调查问卷是市场调研最常见的调研方式，在本任务中我们将了解网络市场调研的主要内容并学习如何设计调查问卷。

　　调查问卷是指通过问题的形式记载调查内容的一种形式，会以表格、卡片、簿记等形式让被调研者回答相关问题。调查问卷的设计是调研活动的中心环节，问卷的设计是否能准确地传达信息、是否能让被调研者乐于回答是问卷设计是否科学的衡量标准。要达到这个标准，问卷设计时需要遵循一定的原则和程序，并学会运用一定的技巧。

【任务实施】

一、调查问卷的设计原则

1. 合理性

问卷的问题必须正确、合理,避免犯一些常识性的错误,而且问题和答案的设计必须和调研主题相关,避免偏离主题造成浪费。

案例2-1:某化妆品的用户消费感受调查问题设计

从用户、购买、产品三个方面出发,可以列出以下要素:

(1)使用者(可认定为购买者)

使用者的基本情况,如年龄、性别、肤质等;使用化妆品的情况,如是否使用过该化妆品、周期、使用化妆品的日常习惯等。

(2)购买力和购买欲

购买力是指目标人群的社会状况,如职业、受教育程度、收入水平等。购买欲是指使用该化妆品的效果,如使用效果、心理满足等。

(3)产品本身

产品本身要素包括对包装与商标的评价、与市场上同类产品的横向比较、广告等促销手段的影响力等。

2. 一般性

一般性是指问题的设置要具有普遍意义,避免一些常识性的错误。

案例2-2:居民广告接受度调查

问题:您一般选择哪种广告媒体?

答案1:A. 广播　B. 电视　C. 杂志　D. 报纸　E. 其他

答案2:A. 巴士广告　B. 手机广告　C. 电视广告　D. 墙幕广告　E. 气球
F. 大巴士　G. 广告衫　H. ……

答案2比答案1的设计更科学,这个案例说明,答案的设计有时需要细化,而不是只给出一个大的类型或范围,否则调研结果的意义不大。

案例2-3:居民水果消费调查

问题:您平时购买最多的是哪种水果?

答案:A. 苹果　B. 西瓜　C. 桃子　D. 梨子　E. 黄瓜

在一般性的问卷技巧中,需要注意的是不能犯问题内容上的错误。其中"E"的设置是错误的,黄瓜不是水果,这属于内容错误,应该避免。

3. 逻辑性

调查问卷的每个问题之间应该具有逻辑性,具有逻辑性的问卷能使被调查者方便回答,按照调研的思维逻辑步骤进行,避免出现思维上大的跳跃,使调研难以进行。

案例2-4:居民读报调查

1. 您通常每日读几份报纸?

答案:A. 不读报   B. 1份   C. 2份   D. 3份以上

2. 您通常用多长时间读报?

答案:A. 10分钟以内   B. 30分钟左右   C. 1小时   D. 1小时以上

3. 您经常读的是下面哪类(或几类)报纸?

答案:A. 文娱资讯报   B. 时政新闻报   C. 综合类报   D. 养生健康报   E. 社会百态报   F. 体育赛事报

案例2-5:居民读报调查

1. 您不喜欢读报吗?

答案:A. 是的   B. 不是

2. 您的职业是?

答案:A. 教师   B. 学生   C. 个体   D. 公务员   E. 其他

3. 您经常读的是下面哪类(或几类)报纸?

答案:A. 文娱资讯报   B. 时政新闻报   C. 综合类报   D. 养生健康报   E. 社会百态报   F. 体育赛事报

案例一中3个问题设置紧密相关,回答问题的人也会感觉到有逻辑顺序,回答起来也比较流畅。案例二中3个问题的设计逻辑感不高,第1个问题的设计是否定问法,带有很强的意识痕迹,会让调查对象感觉不容易回答,感觉问卷很随意不严谨,对企业的印象分也会降低。

4. 明确性

问题和答案的设计必须清晰明确、便于回答,避免出现范围或含义的重复和混淆。

案例2-6:居民读报调查

问题:您通常用多长时间读报?

答案1:A. 10分钟以内   B. 30分钟左右   C. 1小时   D. 1小时以上

答案2:A. 10分钟以内   B. 30分钟以内   C. 1小时以内   D. 1小时以上

答案1中各选项时间的设计十分明确,了解被调研者读报大致时间。而答案2中"1小时以内"则包括了10分钟以内和30分钟以内,出现了范围上的重叠,则不仅不明确、难以说明问题,而且令被访问者也很难作答。

案例2-7:居民婚姻情况调查

问题:您的婚姻状况:

答案1:A. 已婚   B. 未婚

答案2:A. 已婚   B. 未婚   C. 离婚/丧偶/分居

显而易见,根据我们的社会经验来说,婚姻状况还存在第三种情况:离婚、丧偶或分居。答案2的设计更全面,避免了答题者的选择困难和有效信息的流失。所以,答案1违背了明确性原则。

5. 非诱导性

非诱导性指的是问题和答案的设计要科学、客观,不具有主观臆断,使答题者能够独自、客观地回答问题。这就要求问卷设计者不能加入一些诱导性的词语和答案。

案例2-8: 某化妆品消费者满意度调查
问题:您认为这款香水对您的吸引力在哪里?
答案1:A. 外包装　B. 气味　C. 使用效果　D. 价格
答案2:A. 精美的外包装　B. 芳香的气味　C. 良好的使用效果　D. 性价比高……

答案2的选项设置充满了诱导性和提示性的词语,从影响答题者的客观判断,使调查结果缺乏科学性。

6. 便于整理、分析

一份成功的调查问卷除了上面说到的五点外,还需要方便信息、数据的收集和整理,使调查结果便于量化,可以通过一定的程序进行复检。

为了调查结果能够便于整理、分析,调查问卷必须满足以下三点要求:

① 指标可以数据化,且能够累加;
② 指标的累计计算是有意义的;
③ 数据结果可以说明问题。

二、 调查问卷的内容设计

调查问卷的内容包括标题、前言、指导语、个人基本资料、问题与答案、编码、结束语、调查日期等几个方面。

1. 标题

每份问卷都必须要有标题,标题是问卷内容的高度概括,必须与内容保持一致,还要简单易懂,让被调查者容易接受。例如:居民广告接受度调查、消费者购买能力调查、某产品的消费者使用调查等。

2. 前言

前言位于问卷最开头,有人称之为封面信。前言一般包括以下的内容:

① 调查的内容、目的与意义;
② 关于匿名、信息保密的保证;
③ 对被调查者回答问题的要求;
④ 调查者的个人身份或组织名称;
⑤ 如是邮寄的问卷,写明最迟寄回问卷的时间;
⑥ 对被调查者的合作与支持表示感谢。

案例2-9: 关于×××超市发展前景的调查问卷
尊敬的先生、女士:

您好！我是×××超市的市场调查员。为改善超市环境,为消费者提供更好的消费体验,我们特别展开这次调查。您所提供的信息我们将会严格保密,非常感谢您的支持和参与!

案例 2－10：大学生 App 使用情况调查问卷

亲爱的同学：

您好！我是本校大三电子商务专业的学生,正在进行"大学生 App 使用情况"的毕业论文研究,需要了解您的 App 使用情况,调研结果将只用于我的毕业论文,不会用于其他用途。本问卷不会涉及您的个人信息,您的回答对我的论文研究非常重要,非常感谢您的帮助!

3. 指导语

指导语是用来需要告知答题者的一些关于答题过程中的注意事项或者说明,指导、帮助答题者完成调查,使人一看就明白如何填写。有时候,如果设计的问卷题型比较单一,指导语会和前言放在一起。如果题型较多,问题更难,就可以把指导语单独放,或者放在题目旁。

常见的指导语有以下几种类型：

① 选出答案做记号的说明。需要告知答题者在特定的符号内作答或者标记。

案例 2－11：

请在您所选答案前的(　　　)内打上"√"：

您的孩子目前属于哪一个学段：① 小学；② 初中；③ 高中；④ 大学；⑤ 研究生

② 选择答案数目的说明。如果是单选题,则需要在填写须知中写清楚单选,多选则写清楚多选。如果一份问卷中,题型较多,则应对每一题进行说明,如"选择至少 3 项"、"可以多选"等。

案例 2－12：

您的职业意向是(可多选)：

A. 教师、助教

B. 销售、采购

C. 文案、编辑

D. 设计

E. 政府公职人员

F. 技术

G. 其他_____

③ 填写答案要求的说明。如果在给出的选项中答题者都没有符合的答案,则可以选择"其他"一项作为答案的,并告知答题者选择"其他"时需要把具体信息写在空格或横线上。

案例 2－13：

填写须知：

1. 如果题目注明"多选",则可选择多个选项,没有注明则只能单选。

2. 如果您选择"其他"这一选项,请务必在_____上或空格内写明相关内容。

4. 个人基本资料

个人基本资料包括性别、年龄、职业、收入等信息,一般的被调研者都会对这些信息存有戒备心理,担心自己的信息外泄,所以调研人员可以在前言或者指导语中对此进行说明,比如匿名填写、信息保密等,消除被调研者的疑虑。

案例 2–14:

1. 您的性别:① 男　② 女

2. 您的教龄:_____年

3. 您的学历(含在读):① 高中或中专　② 大专　③ 本科　④ 硕士研究生　⑤ 博士研究生

4. 您的职务(可多选):① 校长　② 教导主任　③ 教研组长　④ 教师　⑤ 其他_____

5. 您所教的年级:① 初一　② 初二　③ 初三

本问卷匿名填写,我们将对您的所有答案和信息保密,您的回答对我们了解初中教师的职业现状,完善教师管理有重要意义。

5. 问题与答案

问题和答案的设计是调查问卷的核心内容,问题和答案的科学性直接影响企业的调研结果的准确性。

（1）问题设计

◎ 提出问题应注意的方面:

① 选择正确的回答类型。问题和答案的设计应该合适,不能与社会价值观相悖。调查的目的和性质决定采用哪种类型的问题和回答方式。

② 问题切合目的和假设。问题要与调研的目的相关,不能偏离目的,也要符合给出的假设,不能违背假设条件。

③ 表达陈述清晰无误。问题的用词要清楚,不能出现歧义和错误,让被调查者难以回答。

④ 避免涉及社会禁忌。问题设计时避免涉及一些与社会规范相违背的问题,例如社会的政治、文化、道德等,虽然被调查者有自己不同的观点,但他们往往还是按照社会共同的价值观来回答,不会真实表达自己的观点,这样就无法获得真实的信息。另外,避免设计一些与社会价值观相违背的题目。与社会价值观相违背的题目会让很多人反感,进而对整个调查产生负面的看法。

⑤ 问题符合被调查者的水平。对不同的被调查者,企业应该考虑到被调查者的具体水平情况,例如对小学生进行调查,那么调查的问题和语言描述都要符合小学生的认知水平,问题不能太难、太抽象,语言文字不能太复杂。

◎ 提出问题应把握的原则:

① 主题明确:

a. 问题必须要与主题相关。可有可无的问题尽量删去,这样才能提高调研的效率。

b. 问题设计避免诱导性。在问题中不能使用一些诱导性的语言,也不能隐含自己主观的假设和期望,这样会诱使被调查者偏离自己的选择。

c. 问题设计避免给被调查者造成压力。不能让被调查者感觉遭受到来自社会、心理的压力,让他不能真实地表达自己的想法。

d. 问题设计要尊重被调查者,避免使用消极、否定的词语。

② 通俗易懂:

a. 题目要清楚,简单易懂。避免过多使用专业名词和术语。

b. 一个题目中只能包含一个问题,如果包含多个问题则会让被调查者难以回答,而且调查结果也难以统计。

c. 问题数量设计适量,不超过 70 个;多选题选项不能太多,否则会导致问卷回答时间太长,增加被调查者答卷的压力。答卷时间一般不要超过 30 分钟。

d. 问卷中题目的排放顺序需符合逻辑性,一般先易后难,先简后繁,先具体后抽象,相同主题的问题放在一起,相同形式的问题放在一起。

③ 便于处理:

调查结束后,调研人员还要把结果进行录入和处理,所以问卷问题要能够编码,并且结果要能够数据化,便于统计和整理。

◎ 问题的顺序排列:

问题设计完毕以后,还需要对问题进行排序,排序的时候需要按照一定的分类和逻辑顺序进行,方便回答者进行作答,而不至于造成思维阻隔或者思维跳跃。

在对问题进行排序时,一般遵循以下几点方法:

① 熟悉的问题在前。如果是生疏的问题在前面,很容易让被调查者觉得调研和他没有关系而不想答下去。

② 简单的问题在前。简单的问题放在前面,这样会给被调查者以信心,减少他对答题的畏惧感。

③ 感兴趣的问题在前。把有吸引力的问题放在前面,能引起被调查者的兴趣。如果一开始就是枯燥乏味的问题,那么被调查者就会失去回答问题的兴趣,进而影响问卷的调查结果。

④ 态度问题在前。态度问题是被调查者对企业调研内容的一些看法、观点等。在了解被调查者的态度后,根据态度设计不同的题目进行回答。例如,您喜欢我们的××产品吗?喜欢(请跳至第 3 题回答)、不喜欢(请跳至第 15 题回答)。

⑤ 开放式问题在最后。开放性的问题一般是主观题,需要被调研者自己写下答案,难度较大。如果放在前面,会让被调查者没有信心和耐心再做后面的题,对后面的问题产生畏惧或者不耐烦。开放式的问题数量一般不超过 3 题,题目过多也会引起被调查者的反感。

(2)答案的设计

◎ 答案设计的原则:

① 与问题匹配。答案的设计要和问题相关,不能答非所问,张冠李戴。

案例 2 - 15:

下列水果中您最喜欢吃什么水果?

A. 葡萄 　　　　B. 白菜 　　　　C. 面包 　　　　D. 草莓

E. 苹果 　　　　F. 香蕉 　　　　G. 西瓜

选项 B、C 的设置和问题不匹配。这样的答案设计会让被调查者无所适从，也会让被调查者认为调查活动不够专业。

② 语言简单易懂。答案的设计应该简单易懂，因为你不确定你的被调查者是什么文化程度和理解水平，简单、明确的语言文字能被各种不同理解水平的人所阅读。

③ 答案无交叉。答案各个选项之间不能出现重复和交叉，否则会引起被调查者思维混乱，也不能得出有效的调查结果。常见的答案交叉是数量和类别范围上的交叉。

案例 2 - 16：
问题：您的年龄是：
答案 1：A. 30 岁以下　B. 40 岁以下　C. 50 岁以下　D. 60 岁以下
答案 2：A. 30 岁以下　B. 31 岁至 45 岁　C. 46 岁至 50 岁　D. 51 岁以上

答案 2 的设计较为规范，答案 1 中的答案年龄数值范围有重叠。

④ 答案无遗漏。选择题给出的答案选项要包括所有可能。

案例 2 - 17：
问题：您喜欢看武侠小说吗？
答案 1：A. 喜欢　B. 不喜欢
答案 2：A. 喜欢　B. 不喜欢　C. 不清楚

有一些相对复杂的问题其答案范围非常广，这时就不便列出所有的可能，此时，调查者可以在问题选项最后再加上一个选择"其他"，并附以横线，这样就可以到的更精确的结果。

案例 2 - 18：
您选择××专业的理由是_____
A. 自己喜欢　B. 父母决定　C. 别人说好　D. 考分限制　E. 其他_____

◎ 答案的类型：
调查问卷的答案类型有三种：封闭式、半封闭式和开放式。

① 封闭式答案。调研人员给出固定的选项让被调研者选择，以单选题居多。

a. 选择式。
从给出的选项中选择符合的答案。可以选择的答案数量需要在题目中说明。

案例 2 - 19：
调查家长对孩子的期望
问题：您希望一周开设几节活动课（只能选择 1 项）_____
答案：A. 1 节　B. 2 节　C. 3 节　D. 4 节　E. 5 节

案例 2 - 20：
问题：下列节目中，您喜欢哪些？（最多可选择三项答案）

答案：A. 新闻　B. 娱乐　C. 体育　D. 音乐　E. 电视剧、电影　F. 财经　G. 其他

b. 是非式。

是非式答案只有两个，一般为反义词，例如"是"和"否"、"喜欢"和"不喜欢"，只能从中选择一个。

案例 2-21：

您是否喜欢上网？

答案：A. 喜欢　B. 不喜欢

c. 等级式。

等级式答案一般是表示某种感情或者事情的程度，按照程度的多少分成等级。

案例 2-22：

您对目前电视中的新闻节目满意程度如何？

答案：A. 很满意　B. 比较满意　C. 一般　D. 不太满意　E. 不满意

d. 排序式。

排序式是指按照一定顺序对答案进行排列。顺序可以是态度、喜欢程度等，根据给出的题目，被调查者自行排序。例如"以下 10 项课程中，请按照您的喜欢程度由高到低进行排列"。

案例 2-23：

下列几个选项中，请按照您的喜欢程度进行顺序排列，排列顺序由 1 到 8，1 表示喜欢程度最高，8 表示喜欢程度最低。

（　　）教师给家长作报告会

（　　）专家面对面的咨询

（　　）有经验的家长作讲座

（　　）家长与家长之间的座谈会

（　　）来学校参加半日活动

（　　）与孩子一起活动

（　　）学校举办专题讲座

（　　）老师与家长联谊会

e. 表格式。

有些问题是需要分别作答的，但是作答范围有重合，那么就可以通过表格的形式表现出来，被调查者只需在表格中作答就可以了。

案例 2-24：

您认为初中学生每天的作业量在多少时间合适？（请在相应空格内打"√"）

	0—10分钟	10—20分钟	20—30分钟	30分钟以上
初一				
初二				
初三				

f. 矩阵式。

一般矩阵式填答,主项为横栏,在左边;次项为纵栏,在右边。

案例2-25:

请在您选择的答案( )中打"√":

	读书	读报刊	上网	听广播
您在家学习主要是	( )	( )	( )	( )
您父亲在家学习主要是	( )	( )	( )	( )
您母亲在家学习主要是	( )	( )	( )	( )

g. 后续式。

后续式是为选择某个特定选项提供一种备选答案的问卷设计。

案例2-26:

您的家中是否有电脑?

答案:A. 是(请跳到第3题) B. 否(请跳到第7题)

② 半封闭式答案。半封闭式答案是封闭式答案与开放式答案的组合,给出几个既定的选项后,又给出"其他"这个选项,以防给定的选项中没有符合被调查者的选项,给出"其他"这个选项方便被调查者表达出自己真实的想法。"其他"属于开放式的,已经给出的选项是封闭式的,两者的组合就是半封闭式,所以叫做半封闭式答案。

③ 开放式答案。开放式答案是指让被调查者自己写出答案,而不是选择答案。这种开放式的答案一般只需要调查者设计给出题目,被调查者自己作答即可。例如:"您对学校的教学工作有什么建议"、"您认为开设阅读课对您有什么影响"等问题。开放式问题一般放在最后,方便被调查者作答。

6. 编码

编码是指给每道题目设置统计编码,以方便调研人员后期的工作。给题目编码可便于对问卷进行录入和汇总,提高了计算机问卷整理的效率,降低了人工录入产生的误差。如果样本数量较小时,可不设编码,进行手工统计。

案例2-27:

请在适当的选项上打"√"。编码栏中的"□"处请勿填写。

1. 性别:① 男 ② 女   1□

2. 年龄：① 31 岁—35 岁　② 36 岁—40 岁　③ 41 岁—45 岁　　　　　2□

④ 46—50 岁　⑤ 51 岁以上

3. 职业：① 科技人员　② 企事业单位行政/管理人员　　　　　　　　3□

③ 职员/商务人员　④ 私人企业业主　⑤ 工人

⑥ 家庭主妇(夫)　⑦ 教师　⑧ 军人　⑨ 农民

⑩ 医务人员　⑪ 失业人员　⑫ 自由职业者　⑬ 其他_____

4. 文化程度：① 小学及以下　② 初中、技校　③ 高中、中专　　　　　4□

④ 大专　⑤ 大学及以上

7. 结束语

结束语一般采用以下表达方式：

(1) 再次感谢,提醒检查

结束语中一般是对被调查者的再次感谢,显示调查者的礼貌,减轻被调查者的不耐烦和急躁。在表示感谢的同时,还可以适当提醒被调查者检查问卷题目是否有漏答和错答等。

案例 2-28：

本次调查到此结束,请您检查一遍是否有漏答或错答的题目。最后,再次感谢您对我们研究工作的支持!

(2) 开放性问题

让被调查者自己写出自己的观点。

案例 2-29：

在对"教师职业发展情况调查"问卷的最后,放一个开放式问题：您认为教师职业未来的发展趋势怎么样? 请写出您的看法。

·调查问卷范例·

大学生网上购物调查问卷表

您好! 非常感谢您参与我们的问卷调查,此次问卷匿名填写,我们会对您的回答保密,请根据您的实际情况填写。谢谢您的合作!

(本问卷所有题目都是单选,请您在最符合的答案前面"□"内打"√")

1. 网上购物,您最信赖哪个网站：

□淘宝网　　　　　□易趣网　　　　　□拍拍网

□当当网　　　　　□其他

2. 您在网购中扮演的角色是：

□买方　　　　　　□卖方　　　　　　□两者都有

3. 您平均每月网购交易金额(元)：

□100 以下(含 100)

□100—300(含 300)

☐300—500(含500)

☐500以上

4. 您在网上购买最多的是哪一类商品:

☐生活用品 ☐服饰、鞋帽、包

☐数码产品、点卡、话费、QQ业务等虚拟物品

☐食品 ☐书籍

☐鲜花礼品 ☐其他

5. 导致您网上购物的最主要原因:

☐抽不出时间去逛商场

☐产品种类多,选择空间大

☐价格低廉

☐其他

6. 您目前常用采购的交易方式是:

☐支付宝、微信支付等方式支付

☐先付定金,货到后与卖家结余款

☐货到后付款给送货的快递公司

☐当面交易,一手交钱一手交货

☐先汇款,后让卖家发货

☐其他方式

7. 如果您从网上购买的货物出现问题,您会怎么处理呢?

☐退货 ☐联系卖家,要求更换 ☐算了

8. 您从网上购买商品,最常使用的物流公司是:

☐中国邮政(包括平邮、EMS)

☐申通快递 ☐圆通快递 ☐顺丰快递

☐同城快递 ☐韵达快递 ☐德邦物流 ☐其他

9. 您认为网上购物的最大优点是什么:

☐快捷方便 ☐价格便宜 ☐搜索简单 ☐其他

10. 您认为网购最大的不足是:

☐递送速度慢 ☐质量无保障

☐退换货不方便 ☐交易有风险 ☐其他

11. 您最喜欢网上购物的哪些活动:

☐打折促销 ☐免费送货 ☐购物返券 ☐附送礼品

☐积分兑奖 ☐其他

12. 个人信息情况

您的性别:☐男 ☐女

您的年级:☐大一 ☐大二 ☐大三 ☐大四

问卷到此结束,感谢您对我们工作的支持! 祝您心情愉快!

三、调查结果的统计分析

在把问卷发放给用户得到问答结果后,需要对调查结果进行统计分析。

假设发放问卷 100 份,问卷结果整理如下:

1. 网上购物,您最信赖哪个网站

淘宝网	78	78%
易趣网	4	4%
拍拍网	7	7%
当当网	6	6%
其他	5	5%

数据分析:学生主要是通过淘宝网进行购物。

2. 您在网购中扮演的角色是

买方	89	89%
卖方	3	3%
两者都有	8	8%

数据分析:大部分学生只是购买商品,而只有很少一部分学生会在网上销售商品。

3. 您平均每月网购交易金额(元)

100 以下(含 100)	14	14%
100—300(含 300)	56	56%
300—500(含 500)	22	22%
500 以上	8	8%

数据分析:学生们的平均网购金额主要在 100—300 元。

4. 您在网上购买最多的是哪一类商品

生活用品	14	14%
服饰、鞋帽、包	32	32%
数码产品、点卡、话费、QQ 业务等虚拟物品	19	19%
食品	11	11%
书籍	17	17%
鲜花礼品	5	5%
其他	2	2%

数据分析:服饰、鞋帽、包等日常消费品是学生网购的主要物品。

5. 导致您网上购物的最主要原因

抽不出时间去逛商场	38	38％
产品种类多,选择空间大	7	7％
价格低廉	46	46％
其他	9	9％

数据分析:大部分学生在网上购物时因为觉得网上销售的商品价格低廉。

6. 您目前常用采购的交易方式是

支付宝、微信等方式支付	76	76％
先付定金,货到后与卖家结余款	10	10％
货到后付款给送货的快递公司	14	14％
当面交易,一手交钱一手交货	0	0％
先汇款,后让卖家发货	0	0％
其他方式	0	0％

数据分析:在交易支付过程中,选择支付宝、微信等支付方式的学生较多。

7. 如果您从网上购买的货物出现了问题,您会怎么处理呢

退货	30	30％
联系卖家要求更换	58	58％
算了	12	12％

数据分析:在货物出现问题时,大部分学生会选择联系卖家要求更换,只有少部分人放弃追究。

8. 您从网上购买商品,最常使用的物流公司是

中国邮政(包括平邮、EMS)	18	18％
申通快递	21	21％
圆通快递	18	18％
顺丰快递	20	20％
同城快递	4	4％
韵达快递	15	15％
德邦物流	0	0％
其他	4	4％

数据分析：在物流公司选择上，顺丰快递、申通快递、中国邮政、圆通快递、韵达快递是学生网购选择的主要快递公司，其中选择申通快递的人数最多。

9. 你认为网上购物的最大优点是什么

快捷方便	45	45％
价格便宜	37	37％
搜索简单	10	10％
其他	8	8％

数据分析：快捷方便是吸引学生进行网购的主要原因。

10. 您认为网购最大的不足是

递送速度慢	19	19％
质量无保障	47	47％
退换货不方便	14	14％
交易有风险	20	20％
其他	0	0％

数据分析：学生认为质量保证问题是网购最大的问题。

11. 您最喜欢网上购物的哪些活动

打折促销	36	36％
免费送货	16	16％
购物返券	17	17％
附送礼品	21	21％
积分兑奖	10	10％
其他	0	0％

数据分析：打折促销是学生最喜欢的网上购物活动。

12. 个人信息情况

性别：

男	46	46％
女	54	54％

年级：

大一	12	12％
大二	26	26％
大三	35	35％
大四	27	27％

数据分析：从个人信息统计来看，接受调查的男生和女生比例为 46∶54，在四个年级中，大三学生最多。

 【任务评价】

- 自我评价

主 要 内 容	自我评价等级(在符合的情况下面打"√")			
	全都做到了	大部分(80％)做到了	基本(60％)做到了	没做到
熟悉调查问卷的设计原则				
理解调查问卷的内容设计				
了解调查结果的统计分析				
自我总结　我的优势				
我的不足				
我的努力目标				
我的具体措施				

- 小组评价

主 要 内 容	小组评价等级(在符合的情况下面打"√")			
	全都做到了	大部分(80％)做到了	基本(60％)做到了	没做到
熟悉调查问卷的设计原则				
理解调查问卷的内容设计				
了解调查结果的统计分析				

建议

　　组长签名：　　　　　　　　　　　　　　　　　　　　　　年　月　日

● 教师评价

主 要 内 容	教师评价等级(在符合的情况下面打"√")			
	优　秀	良　好	合　格	不合格
熟悉调查问卷的设计原则				
理解调查问卷的内容设计				
了解调查结果的统计分析				

评语

教师签名：　　　　　　　　　　　　　　　　　　　　　　　　年　月　日

任务三　了解网络信息检索

【任务描述】

"有问题，找百度"已经成为很多人的行为习惯，人们在网络生活中可以通过检索来获得自己想要的信息。检索已经成为我们获取网络信息的首选方式。在本任务中我们将学习如何在纷繁复杂的网络信息世界中找到我们想要的信息。

【任务实施】

一、网络信息的检索方法

常用的网络信息检索方法有三种：直接访问网页、使用搜索引擎、查询在线数据库。

1. 直接访问网页检索方法

该方法需要访问者提前知道目标网页地址或网络实名，在浏览器地址栏输入网址或名字，即可登录网站，查看目标信息。例如，想要登录百度网站，在浏览器地址栏输入"www.baidu.com"（如图 2-2 所示）。

图 2-2　直接访问网页

2. 搜索引擎检索方法

指通过搜索引擎检索目标信息。搜索引擎通常能提供多种查询方法。

（1）关键词查询方法

打开搜索引擎，在"搜索栏"中输入关键词，如果有多个关键词用空格隔开，点击搜索即可看到所有相关的信息。

例如，打开百度，输入"火星"，点击"百度一下"，就可以搜索到所有与火星相关的信息，如图2-3所示。

图2-3　搜索引擎搜索

（2）目录分类查询方法

单击网页上的分类目录，一级一级的深入查询，直到所需的网页为止的方法；使用搜索引擎分类目录进行搜索，如图2-4所示。

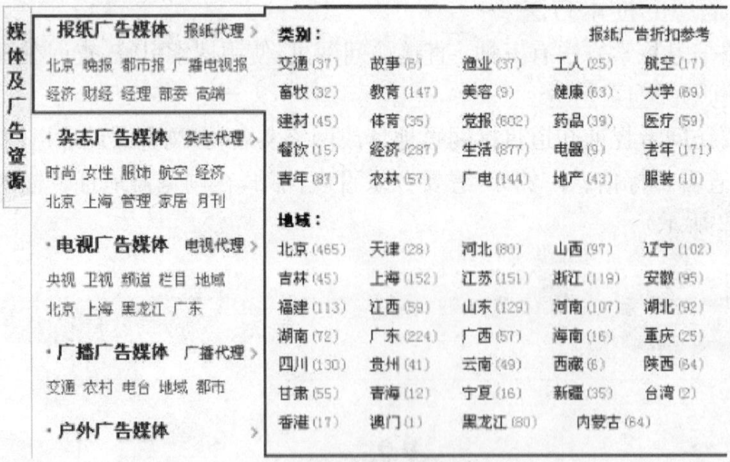

图2-4　分类目录查询

3. 在线数据库检索法

登录数据库页面，在数据库页面的搜索栏中输入想要查询信息的关键词，点击"检索"，即可看到数据库中的相关信息。

例如,在知网上搜索一篇论文,登录知网首页,输入论文名称,点击搜索,即可检索到论文相关信息,如图2-5所示。

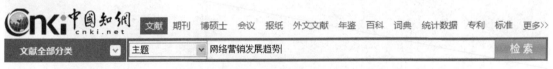

图2-5　在线数据库查询

二、网络信息检索应注意的问题

1. 注意知识产权

在互联网上,信息的查找和获取非常简单,用户只需复制、粘贴就可以获得信息。这样的信息获取方式容易产生知识产权问题,当前的互联网时代也是一个信息共享的时代,任何人都可以把信息上传到网上,也可以从网上粘贴或下载信息,这在无形中会侵犯到别人的权利。

现在很多网站为了保护作者的知识产权实施了很多保护措施,例如防止复制、付费下载等。我们在开发利用网络信息时,要注意对自身知识产权的保护,也要注意不能侵犯他人的知识产权。

2. 筛选有价值的信息

网络信息数量庞大并且更新快速,给我们日常的工作、学习带来了很多帮助,但是我们在收集、利用信息的时候也要注意信息的价值。网络信息中有很多是虚假信息,我们应该学会去辨别哪些是真实信息,哪些是虚假信息,并且学会过滤掉那些没有价值的信息。

3. 网络安全保障

网络安全问题不容忽视。当前的互联网上,网络技术漏洞造成的安全问题时有发生,比如2017年"勒索"病毒猖狂,造成全球多国受影响。网站要提高自己的防御能力,保证网站不受黑客和病毒攻击,保障用户的上网安全和交易安全。网络安全保障包括网络安全、用户身份认证、用户个人信息的维护和保密等。

 【任务评价】

● 自我评价

主　要　内　容	自我评价等级(在符合的情况下面打"√")			
	全都做到了	大部分(80%)做到了	基本(60%)做到了	没做到
熟悉网络信息的检索方法				
了解信息检索的注意事项				
自我总结　我的优势				
我的不足				
我的努力目标				
我的具体措施				

● 小组评价

主 要 内 容	小组评价等级(在符合的情况下面打"√")			
	全都做到了	大部分(80%)做到了	基本(60%)做到了	没做到
熟悉网络信息的检索方法				
了解信息检索的注意事项				

建议

　　组长签名：　　　　　　　　　　　　　　　　　　　　　年　月　日

● 教师评价

主 要 内 容	教师评价等级(在符合的情况下面打"√")			
	优　秀	良　好	合　格	不合格
熟悉网络信息的检索方法				
了解信息检索的注意事项				

评语

　　教师签名：　　　　　　　　　　　　　　　　　　　　　年　月　日

【拓展活动】

根据所学知识设计一份调查问卷。

························ · 项目小结与评价 · ························

※ 项目小结

　　不论是传统营销还是网络营销，都离不开调研。调研是企业获取目标信息的重要方式，尤其是以客户需求为导向的网络营销，调研必不可少。在本项目中，我们通过案例学习法，了解了网络营销中信息获取的两种方式：调研和检索。任务一中我们了解了网络营销调研的含义和流程方法；任务二中我们学习了如何设计一份调查问卷以及分析调查问卷结果数据；任务三中我们掌握了网络信息检索的方式和方法，这能帮助我们更深入地了解网络营销的内涵。

※ 项目评价

• 自我评价

主　要　内　容	自我评价等级(在符合的情况下面打"√")			
	全都做到了	大部分(80%)做到了	基本(60%)做到了	没做到
熟悉网络调研的基本知识				
理解调查问卷的设计方法				
了解网络信息检索的方法				

自我总结
　　我的优势
　　我的不足
　　我的努力目标
　　我的具体措施

• 小组评价

主　要　内　容	小组评价等级(在符合的情况下面打"√")			
	全都做到了	大部分(80%)做到了	基本(60%)做到了	没做到
熟悉网络调研的基本知识				
理解调查问卷的设计方法				
了解网络信息检索的方法				

建议
　　组长签名：　　　　　　　　　　　　　　　　　　　年　月　日

• 教师评价

主　要　内　容	教师评价等级(在符合的情况下面打"√")			
	优　秀	良　好	合　格	不合格
熟悉网络调研的基本知识				
理解调查问卷的设计方法				
了解网络信息检索的方法				

评语
　　教师签名：　　　　　　　　　　　　　　　　　　　年　月　日

········· ·项 目 练 习· ·········

一、单选题

1. 下列哪项是网络信息的收集方式？（　　）
A. 查字典　　　　　B. 通过百度搜索　　　C. 问同学　　　　　D. 问老师

2. 下列哪项不属于网络市场调研的内容？（　　）
A. 市场需求调研　　　　　　　　　B. 可控因素调研
C. 不可控因素调研　　　　　　　　D. 设计调查问卷

3. 下列哪一项属于不可控因素？（　　）
A. 技术发展趋势　　B. 产品价格制定　　C. 产品外形设计　　D. 销售渠道

4. 下列哪一项不是网络市场调研的特点？（　　）
A. 及时性　　　　　B. 经济性　　　　　C. 便捷性　　　　　D. 虚拟性

5. 下列哪一项不是调查问卷的设计规则？（　　）
A. 逻辑性　　　　　B. 一般性　　　　　C. 合理性　　　　　D. 及时性

二、多选题

1. 下列哪几项属于网络市场调研的内容？（　　）
A. 市场需求调研　　　　　　　　　B. 可控因素调研
C. 不可控因素调研　　　　　　　　D. 问卷调研

2. 下列哪几项属于可控因素？（　　）
A. 价格　　　　　　B. 产品　　　　　　C. 渠道　　　　　　D. 社会

3. 下列哪几项是市场调研的步骤？（　　）
A. 明确调查目标与调研目的　　　　B. 制定调研计划
C. 收集信息　　　　　　　　　　　D. 提交调研报告

4. 下列哪几项是调查问卷的设计原则？（　　）
A. 非诱导性　　　　B. 一般性　　　　　C. 明确性　　　　　D. 逻辑性

5. 下列哪几项是调查问卷的内容？（　　）
A. 标题　　　　　　B. 前言　　　　　　C. 结束语　　　　　D. 问题

三、判断题

1. 网络市场调研必须依靠互联网。（　　）
2. 网络市场调研结果可能存在错误。（　　）
3. 逻辑性是网络市场调研的特点。（　　）
4. 便捷性是网络市场调研的特点。（　　）
5. 收集信息是网络市场调研的最后一个步骤。（　　）

项目三 搜索引擎营销

【项目导读】

搜索引擎营销即 SEM,是 search engine marketing 的缩写,中文意思是搜索引擎营销。搜索引擎营销的营销针对性更高,已经被广大使用者所认可,是现在中小型企业中利用率较高的营销方法。在本任务中,我们将学习搜索引擎和搜索引擎营销的相关知识。

【项目学习目标】

1. 了解搜索引擎营销基础知识;
2. 学习使用搜索引擎进行营销。

【项目任务分解】

1. 了解搜索引擎营销基础知识;
2. 学习使用搜索引擎进行营销。

任务一 了解搜索引擎营销基础知识

【任务描述】

百度、谷歌、搜狗这些都是常见的网络搜索引擎,用户打开搜索引擎,输入关键词就可以搜索到想要的信息,搜索引擎是一种简单、便捷、快速的信息获取方式。随着营销理念的创新,搜索引擎也逐渐成为一种企业的营销工具。在本任务中,我们将了解搜索引擎的工作原理和搜索引擎营销的基础知识。

【任务实施】

一、搜索引擎基础知识

1. 搜索引擎的定义

搜索引擎(search engine)是指根据一定的策略、运用特定的计算机程序从互联网上搜集信息,在对信息进行组织和处理后,为用户提供检索服务,将用户检索相关的信息展示给用户的系统[①]。搜索引擎包括全文索引、目录索引、元搜索引擎、垂直搜索引擎、集合式搜索引擎、

---

① 许剑颖.搜索引擎发展趋势研究[J].现代情报,2011,31(9).

门户搜索引擎与免费链接列表等①。

2. 搜索引擎的组成

搜索引擎的组成包括四个部分：搜索器、索引器、检索器和用户接口。

① 搜索器。搜索器的作用是在互联网上进行搜索，发现和搜集信息。

② 索引器。索引器是在搜索器搜索到信息后，把搜索到的文档进行索引表示，再生成索引表。

③ 检索器。检索器是在所生成的索引表中快速检索，把信息与关键词的相关度进行评估，再按照相关度进行排序。

④ 用户接口。用户接口是指为用户输入、显示、查询的可视化操作。

3. 搜索引擎的分类

（1）全文索引

全文索引是指搜索引擎从网站提取信息，再建立网页数据库。搜索引擎自动进行信息搜索。

图 3-1　搜索引擎蜘蛛

建立数据库有两种方式：

① 定期搜索。每间隔固定的时间段，搜索引擎自动进行信息搜索。用户进行检索时，搜索引擎派出搜索"蜘蛛"，对一定范围内的 IP 地址进行检索，检索网站的内容信息，每次检索时一旦发现新网站，它就会自动把网站信息加入数据库，如图 3-1 所示。

② 提交网站搜索。站长自己主动向搜索引擎提交网址，搜索引擎在一定时间内就会向网站派出"蜘蛛"程序，扫描网站的信息并存入数据库，在有用户查询时呈现给用户。

当用户在搜索引擎中输入关键词进行查询时，搜索引擎就会在数据库中进行搜索，并按照一定的参数计算，把搜索的结果呈现给用户。计算的参数一般有匹配度、频次、位置、链接质量等。

（2）目录索引

目录索引也叫分类索引，是网站自己通过收集信息，并把信息进行一定的分类处理，再按照不同主题进行不同类目、层次的排列，像图书馆目录一样呈现给用户。用户在搜索时无需自己输入关键词，只要根据网站给出的目录进行层层点击即可得到自己想要的信息。网站要加入一些大的平台索引时，需要站长提交网站，目录编辑人员再亲自浏览你的网站，然后根据一套自定的评判标准，决定是否接纳你的网站。目录索引不是严格意义上的搜索引擎，用户不依靠关键词进行查询。

（3）全文索引和目录索引的比较

虽然全文索引和目录索引有如此大的不同，但是随着新技术和新理念的出现，两者逐渐由相互融合渗透的趋势。一些纯粹的全文搜索引擎网站也开始提供目录搜索，如 Google 就借用 Open Directory 目录提供分类查询。而像 Yahoo! 这些老牌目录索引则通过与 Google 等搜索引擎合作扩大搜索范围。在默认搜索模式下，一些目录类搜索引擎首先返回的是自己目录中匹配的网站，如中国的搜狐、新浪、网易等；而另外一些则默认的是网页搜索，如 Yahoo!，这种引擎的特点是查找的准确率比较高。

表3-1　全文索引和目录索引比较

	全　文　索　引	目　录　索　引
运作方式不同	自动网站检索	手工方式或半自动方式
网站录入不同	网站本身没有违反有关的规则，一般都能登录成功	对网站的要求较高，有时登录多次也不一定成功
网站分类不同	不用考虑网站的分类问题	登录目录索引时则须将网站放在一个最合适的目录
用户选择不同	主动输入	被动选择

4. 工作原理

（1）第一步：爬行

搜索引擎根据特定规律对网页链接进行跟踪，其运行方式像蜘蛛一样爬行，所以搜索引擎也被称为"蜘蛛"。搜索引擎蜘蛛的信息跟踪是按照事先设定好的规则来进行的，而不是毫无章法。

（2）第二步：抓取存储

搜索引擎蜘蛛跟踪到网页时，就会将网页的数据存入数据库。如果网页有更新，那么更新的数据也会被存进原始数据库。

（3）第三步：预处理

搜索引擎将蜘蛛抓取回来的页面，进行各种步骤的预处理。包括提取文字、中文分词（中文搜索引擎特有）、去停止词、消除噪声、去重、正向索引、倒排索引、链接关系和特殊文件处理。

搜索引擎一般是抓取 HTML 文件和以文字为基础的索引文件，如 Word、PDF、XLS、PPT、WPS、TXT 等，但是不能处理视频和图片内容，也不能执行脚本和程序。

（4）第四步：排名

在用户输入关键词进行查询时，搜索引擎就会在数据库中根据参数计算排名，最后按排名顺序呈现给用户。由于互联网数据量庞大，搜索引擎的数据更新速度受限，每日更新较小，不过按照日、周、月来看，数据更新变化大，排名顺序也不一样。

二、搜索引擎营销基础知识

1. 实施原因

（1）潜在顾客在使用搜索

按照网络用户的搜索习惯来看，大部分人都喜欢点击排在前面的搜索结果。如果企业的网站排在前面，那么被点击打开的概率就越大，反之，如果排在后面，那么企业的网站就很难在客户考虑的范围内了，企业就失去了让客户了解企业的机会。所以搜索优化是非常有必要的，而且搜索引擎营销的收效很高而成本相对较低。

（2）SEM 是一种趋势

随着互联网的普及，搜索引擎成了人们搜索信息的一个重要工具。无论个人用户还是企业用户，对搜索引擎的依赖越来越高。它不仅是一种网络工具，更是一种营销工具，它作为一种新的营销形式,越来越被企业所认可。在这种环境下,搜索引擎逐渐成为企业的一种营销渠道,SEM逐渐发展成一种趋势,如图3-2所示。

2. 营销目标

SEM的营销目标有以下几点:

（1）获得收录

企业进行SEM的首要目标就是要让网站被搜索引擎收录,这是SEM的基础,离开这个基础,其他的目标都不可能实现。这就要求企业不断更新、创新网站信息,争取符合搜索引擎的抓取规则。

图3-2　SEM

（2）获得排名

搜索引擎会自动抓取企业网站信息,但是企业还需要让自己的网站呈现在用户搜索结果的前面,因为大部分客户只会选择靠前的搜索结果,企业想要排名靠前,可以通过关键词广告、竞价排名等付费手段来补充内容上的不足。

（3）获得访问

网站排名靠前了还需要用户点击,网站只有获得客户关注后才会被点击。用户一般在得出搜索结果列表后,会根据信息相关度、标题等因素来选择网站。如果得不到客户访问,那么企业为SEM的付出和努力就白费了。

（4）实现转化

SEM的最后一个目标就是获得转化。转化就是把客户的访问转化成购买订单,只有这样企业才能实现盈利。企业可以通过提高产品质量、完善客户服务来提高转化率。

3. 营销模式

在搜索引擎发展早期,网站一般通过付费给搜索引擎技术提供商,让其帮助进行网站排名优化。随着时代的发展,这种模式逐渐演变成当前的两种营销模式:

（1）页面广告

页面广告是指搜索结果右侧的广告位。如图3-3中页面右侧的广告。

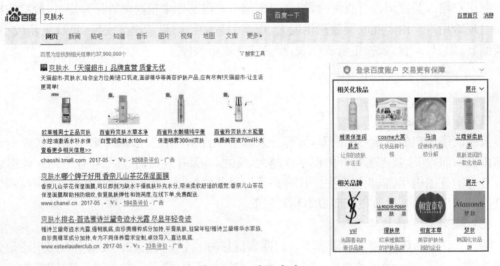

图3-3　页面广告

（2）竞价排名

竞价排名是指根据广告主的付费多少排列结果顺序，用户点击则企业需要付费，如果不点击则不需要付费。如图3-4中的搜索结果，在网站链接后面标出了"广告"。

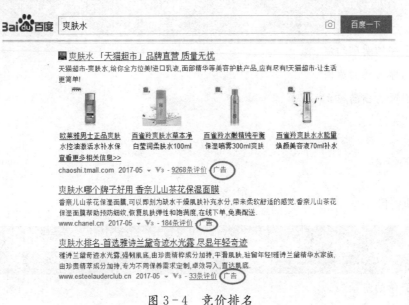

图3-4　竞价排名

案例3-1：

Google于2003年推出AdSense，AdSense是一种新的广告方式。AdSense吸引各个中小网站在Google中注册成为用户，把Google的广告放置在自己网页上，用户在这些网站上浏览时，点击这些广告进入销售页面，网站主就可以获得一定比例的提成。

 【任务评价】

● 自我评价

主　要　内　容	自我评价等级（在符合的情况下面打"√"）			
	全都做到了	大部分（80%）做到了	基本（60%）做到了	没做到
熟悉搜索引擎的基础知识				
理解搜索引擎营销的原因				
了解搜索引擎营销的模式				
自我总结　我的优势				
我的不足				
我的努力目标				
我的具体措施				

- 小组评价

主 要 内 容	小组评价等级(在符合的情况下面打"√")			
	全都做到了	大部分(80%)做到了	基本(60%)做到了	没做到
熟悉搜索引擎的基础知识				
理解搜索引擎营销的原因				
了解搜索引擎营销的模式				

建议

　　组长签名：　　　　　　　　　　　　　　　　　　　　年　月　日

- 教师评价

主 要 内 容	教师评价等级(在符合的情况下面打"√")			
	优 秀	良 好	合 格	不合格
熟悉搜索引擎的基础知识				
理解搜索引擎营销的原因				
了解搜索引擎营销的模式				

评语

　　教师签名：　　　　　　　　　　　　　　　　　　　　年　月　日

任务二　学习使用搜索引擎进行营销

【任务描述】

　　网络用户在遇到自己不知道的问题时,最简单直接的方法就是通过搜索引擎来查找。搜索引擎的使用用户越来越多,使用频率也是网络工具中最高的。搜索引擎对个人用户来说是一种便捷的网络工具,对企业来说则是一种巨大的商机,于是就有了搜索引擎营销。在本任务中,我们将学习搜索引擎营销的步骤和方法,并学习如何选择关键词。

【任务实施】

一、搜索引擎营销的基本形式

1. 竞价排名

　　网站付费给搜索引擎企业,让自己的网站在搜索结果中排名靠前,付费越高,排名越前。

企业付费购买的不是搜索排名,而是关键词,通过给不同的关键词付费,来提高网站的排名顺序。

2. 定价提名

定价提名是一种全新的 SEM 解决方案,它基于 FIBI 架构、DataEX 架构和云计算等技术,实现推广效果、推广成本、排名、转化率等多重优势的集合。定价提名与竞价排名不同,它是互联网 SEM 领域将技术产品化、服务化的全新解决方案。

二、搜索引擎营销五个步骤

搜索引擎营销过程包括下列五个步骤:

1. 构造适合于搜索引擎检索的信息源

企业网站中信息是搜索引擎检索的基础。用户是通过关键词在搜索引擎中进行搜索的,企业网站必须要和用户使用的关键词相匹配,才会被搜索到。所以网站需要不断完善、更新信息,构造符合客户搜索关键词习惯的网站内容。

2. 创造网站/网页被搜索引擎收录的机会

企业在网站内容设计好了之后,需要把网站发布在互联网上,搜索引擎蜘蛛会定期进行抓取,并把网站信息存入数据库中,企业需要让自己的网站符合搜索引擎的抓取规则,让自己的网站被搜索引擎收录,这样用户搜索的时候,搜索引擎才会把网站呈现给用户。

3. 让网站信息出现在搜索结果中靠前位置

用户在搜索引擎中搜索,搜索引擎会按照一定规则把结果按顺序呈现给用户。按照用户的上网习惯来说,排序越靠前,网站被用户点击概率就会越高。所以说,企业不仅是让自己的网站被搜索引擎收录,还要尽可能排在搜索结果的前面。

4. 以搜索结果中有限的信息获得用户关注

用户看到的搜索列表中,一般只会显示网站一部分的信息,如何通过这小部分的信息吸引客户点击就需要企业进行分析和改进。通过优化关键词,设计有吸引力的标题等方式吸引客户打开企业网站。

5. 为用户获取信息提供方便

用户在进行关键词查询时,搜索引擎把搜索结果提供给用户,用户根据自己的选择点击进入网站,网站需要给客户提供客户需要的信息,方便客户获取信息或者购买。

三、搜索引擎营销的模式

搜索引擎营销的基本模式有以下几种:

1. 自然搜索

自然搜索是指搜索引擎按照自己的搜索排名规则做出的搜索,这个只与网站的匹配度有关,与企业的付费无关。企业可以通过不断优化网站的关键词来提高网站的排名。

2. 目录列表

目录网站按照分类的方式,列出主题类别下面的各个网站,用户根据自己的需要,按照分类设置逐级点击,找到自己需要的网站。网站主在通过目录进行网站推广时,需要将自己的网站提交给目录网站,让自己的网站被目录网站所收录。

3. 付费搜索引擎广告

① CPM(Cost Per Mille,每千人成本)。CPM 指的是广告投放过程中,听到或者看到某广告的每一千人平均分担到多少广告成本。比如说一个广告横幅的单价是 1 元/CPM 的

话,意味着每一千人次看到这个广告的话就收 1 元,如此类推,10 000 人次访问的主页就是 10 元。

② CPC(Cost Per Click,每点击成本)。用户点击广告后进入企业或产品页面,广告系统会记录用户发生点击行为的详细信息,重复点击的次数、有效点击的次数、没有打开的有多少人等。按照有效点击量给广告商付费。

③ CPA(Cost Per Action,每行动成本)。CPA 计价方式是指按广告投放实际效果,即按回应的有效问卷或订单来计费,而不限广告投放量。即客户实际消费的金额来给广告商付费。

④ 包月方式。按照广告投放的时间来计费,一般是按月计费。

以上几种是比较常见的网络广告计费模式,除此之外还有其他计费模式。企业在选择广告推广时,可以根据企业自身的各项因素来选择不同的广告方式,例如广告预算、企业周期、目标客户、产品特点等因素。

四、 正确运用关键词

1. 关键词与搜索引擎营销

用户在网上查找信息时,需要在搜索引擎中输入自己的关键词。输入关键词是信息搜索中的第一步,也是企业进行 SEM 的基础。然而,网站的关键词设置并不简单,需要考虑诸多因素,比如关键词需要和网站的内容相符、要按照顺序进行排列组合、符合搜索工具的要求等,还要有所创新,避免和别的网站重复等。

(1)关键词的重要性

现在很多人都会通过搜索引擎来查找自己想要的信息,关键词就是用户找到企业网站的关键。搜索引擎匹配到网站的内容,才会把网站呈现给用户,不然除非用户自己知道企业网站域名,否则只能通过搜索来找到企业网站。

根据用户的搜索习惯来看,用户经常会以产品的名称、行业名称、企业名称等为关键词进行搜索。企业应该从用户的角度出发,考虑用户可能使用的关键词,恰当的关键词是决定企业营销推广成败的关键。

(2)充分发挥关键词的作用

在绝大多数情况下,搜索引擎对用户搜索做出反应的前提条件是网站和网页中存在与搜索关键词匹配的内容,也就是说必须保证将事先确定的对应关键词用在网页文字中,同时还要注意关键词使用的技巧。

比如一家皮肤科医院,就应该使对应的关键字"皮肤"贯穿整个网站的内容中,这样才能在用户输入同样关键词搜索时,搜索引擎把网站呈现给用户。不能孤立地看待关键词,必须将它与网站的内容紧密结合,才能充分发挥它的作用。

2. 选择关键词

那么如何才能找到最适合你的关键词呢?

(1)列出关键词群

第一步,企业先通过研究、分析用户的心理,揣摩目标客户可能在搜索时使用的关键词,列出所有用户可能搜索的关键词。在这一步,列出的关键词要尽量多,后面再筛选。

(2)选择相关的关键词

用户在搜索时所使用的关键词可能会很多,但有些是和企业没有关系的,企业需要结合自身产品或服务的特点,保留那些和企业相关的关键词,过滤掉那些和企业不相关的关键词。

（3）选择具体的关键词

关键词的范围不能过于广泛,选择一些具体的关键词。比如一家销售儿童积木、拼图玩具的企业,"玩具"不是合适的关键词,"儿童积木"、"儿童拼图"则可能是明智的选择。"玩具"是集合名词,包括了所有儿童的、成人的各种休闲娱乐玩具,如果到百度上搜索尝试,搜索结果8位数以上(2017年8月8日搜索结果)。企业要想在这些海量信息中脱颖而出几乎是不可能完成的任务。相反,"儿童积木"、"儿童拼图"搜索的结果则相对较少。

（4）选用较长的关键词

选择关键词时可以选择较长的关键词,例如单词的复数形式,如选择"book"的时候,可以选用"books"而不是"book"。因为在搜索引擎支持单词多形态或断词查询的情况下,选用"books"可以保证你的网页在以"books"和"book"搜索时,都能获得被检索的机会。

（5）注意关键字的投资回报率(ROI)

不同关键词给企业带来的投资回报并不相同,企业在进行关键词营销时,需要通过科学的检测和统计,了解不同关键词给企业带来的收益。只有能够给企业带来收益的关键词才是成功的关键词。

3. 关键词的使用

选择好关键词后就要将它们用在网页中。

关键词可以放置在网站的标题(TITLE)、网页关键字标记(META KEYWORDS)、网页的元描述(META DESCRIPTION)、网页正文(BODY)、图片标签的 ALT 属性里面等位置。放置关键词后还需要让内容符合语法规则,自然流畅,而不是生硬地加入;也不要过多地重复堆放关键词,那样不仅会让阅读者反感,也会受到搜索引擎的惩罚。总之,对用户有吸引力和价值的信息,也是搜索引擎寻找的信息。

 【任务评价】

- 自我评价

主　要　内　容	自我评价等级(在符合的情况下面打"√")			
	全都做到了	大部分(80%)做到了	基本(60%)做到了	没做到
熟悉搜索引擎营销的步骤				
理解搜索引擎营销的模式				
掌握关键词的使用技巧				
自我总结　我的优势 我的不足 我的努力目标 我的具体措施				

● 小组评价

主　要　内　容	小组评价等级(在符合的情况下面打"√")			
	全都做到了	大部分(80%)做到了	基本(60%)做到了	没做到
熟悉搜索引擎营销的步骤				
理解搜索引擎营销的模式				
掌握关键词的使用技巧				

建议

　　　组长签名：　　　　　　　　　　　　　　　　　　　　年　　月　　日

● 教师评价

主　要　内　容	教师评价等级(在符合的情况下面打"√")			
	优　秀	良　好	合　格	不合格
熟悉搜索引擎营销的步骤				
理解搜索引擎营销的模式				
掌握关键词的使用技巧				

评语

　　　教师签名：　　　　　　　　　　　　　　　　　　　　年　　月　　日

【拓展活动】

　　选择一组相似关键词(至少5个)，通过搜索引擎搜索这些关键词，列出这些关键词的搜索排名数据。

───────────────── ·项目小结与评价· ─────────────────

※ 项目小结

　　搜索引擎是我们网络生活中经常使用的网络工具，它给我们的网络生活带来了很多便利。对企业来说搜索引擎的价值不仅仅是获取信息，更在于它的营销价值。在本项目中，我们通过知识学习、案例了解，知道了搜索引擎的工作原理和企业利用搜索引擎进行营销的步骤，这对我们进一步了解网络营销提供了重要帮助。

※ 项目评价

● 自我评价

主要内容	自我评价等级(在符合的情况下面打"√")			
	全都做到了	大部分(80%)做到了	基本(60%)做到了	没做到
熟悉搜索引擎的基础知识				
理解搜索引擎营销的步骤				
了解如何选择好的关键词				
自我总结 我的优势 我的不足 我的努力目标 我的具体措施				

● 小组评价

主要内容	小组评价等级(在符合的情况下面打"√")			
	全都做到了	大部分(80%)做到了	基本(60%)做到了	没做到
熟悉搜索引擎的基础知识				
理解搜索引擎营销的步骤				
了解如何选择好的关键词				

建议

　组长签名：　　　　　　　　　　　　　　　　　　　年　月　日

● 教师评价

主要内容	教师评价等级(在符合的情况下面打"√")			
	优秀	良好	合格	不合格
熟悉搜索引擎的基础知识				
理解搜索引擎营销的步骤				
了解如何选择好的关键词				

评语

　教师签名：　　　　　　　　　　　　　　　　　　　年　月　日

·项 目 练 习·

一、单选题

　　1. 下列哪项是搜索引擎的组成部分?(　　　)

　　A. 网站　　　　　　B. 页面　　　　　　C. 用户接口　　　　D. 源文件

　　2. 下列哪项属于搜索引擎的分类?(　　　)

　　A. 按钮广告　　　　B. 全文索引　　　　C. 文本链接　　　　D. 超链接

　　3. 下列哪一项是搜索引擎营销的基本形式?(　　　)

　　A. 竞价排名　　　　B. 全文索引　　　　C. 目录索引　　　　D. 目录列表

　　4. 正确选择关键词的第一步是?(　　　)

　　A. 选择具体关键词　　　　　　　　　　B. 选择较长关键词

　　C. 列出关键词群　　　　　　　　　　　D. 选择相关关键词

二、多选题

　　1. 下列哪几项是搜索引擎的组成部分?(　　　　)

　　A. 搜索器　　　　　B. 索引器　　　　　C. 检索器　　　　　D. 用户接口

　　2. 下列哪几项是搜索引擎营销的基本形式?(　　　　)

　　A. 竞价排名　　　　B. 付费广告　　　　C. 定价提名　　　　D. 自然搜索

　　3. 付费搜索引擎广告的形式有(　　　　)。

　　A. CPA　　　　　　B. CPS　　　　　　C. CPM　　　　　　D. CPC

　　4. 搜索引擎营销的方法有(　　　　)。

　　A. 自然搜索　　　　　　　　　　　　　B. 付费搜索引擎广告

　　C. 目录列表　　　　　　　　　　　　　D. 全文搜索

　　5. 准确选择关键词的方法包括(　　　　)。

　　A. 选择具体关键词　　　　　　　　　　B. 选择错别词

　　C. 选择相关关键词　　　　　　　　　　D. 选择较长关键词

三、判断题

　　1. 搜索引擎有 3 个组成部分。　　　　　　　　　　　　　　　　(　　　)

　　2. 用户接口是搜索引擎的组成部分。　　　　　　　　　　　　　(　　　)

　　3. 搜索引擎工作的第一步是抓取。　　　　　　　　　　　　　　(　　　)

　　4. 竞价排名是搜索引擎营销的基本形式。　　　　　　　　　　　(　　　)

　　5. 企业可以选择用户错别词作为自己的关键词。　　　　　　　　(　　　)

项目四 网络社区营销

项目导读

在网络生活中,一些具有共同兴趣偏好、认知的人集中在一个虚拟的空间里相互沟通,这就是网络社区形成的初衷。人们通过在线聊天、BBS/论坛、贴吧、群组讨论、交友、个人空间等形式与网络上的其他参与者进行交流。企业要想把网络社区的价值转变成自身的价值,就需要借助网络社区营销方法。在本项目中,我们将学习什么是网络社区营销以及网络社区营销的工具和方法。

项目学习目标

1. 了解网络推广基础知识;
2. 理解运用网络社区进行营销;
3. 了解几种不同的推广方式。

项目任务分解

1. 了解网络推广基础知识;
2. 理解网络社区营销;
3. 了解微博营销;
4. 了解 IM 营销;
5. 了解知识问答推广;
6. 了解百科推广;
7. 了解文库推广。

任务一 了解网络推广基础知识

【任务描述】

随着"互联网+"概念的提出和自媒体的不断发展,许多网络企业用户和个人用户都加入到网络推广的大军中来,通过各种推广方式和推广工具进行推广。网络营销工具依赖互联网而生,它具有很多传统营销工具所不具备的优点,发展速度很快,逐渐成为一种重要的营销工具,越来越多的企业和个人也逐渐意识到网络营销的重要性。在本任务中,我们将学习网络推广的含义和主要形式。

【任务实施】

一、 网络推广的含义

网络推广的含义有狭义和广义之分。

狭义来讲，网络推广是指借助互联网工具对企业的产品、服务进行宣传推广，让更多的人知道，从而吸引消费者购买。

广义来讲，网络推广也可理解为网络营销，是指一切利用网络工具开展的推广、营销活动。

二、 网络推广的形式

根据不同的划分标准，网络推广形式可以划分为以下几种：

（1）按网页登录方式划分

网络新闻推广	病毒式推广
博客营销推广	网站互动推广
问答营销推广	活动赞助推广
网络广告推广	积分兑换有奖促销推广
电子邮件推广	SNS 网络推广
网址导航推广	策划活动推广
IM 推广（如：QQ、MSN、雅虎通）	微博活动推广
排名营销推广	微信活动推广
事件营销推广	用户体验推广
免费服务推广	网络视频推广
友情链接	贴吧推广
在 B2B 网站上发布信息或登记注册	论坛推广
在新闻组或论坛上发布网站信息	分类信息推广
软文推广	百度文库推广
用网摘系统推广（如：天极网摘）	登录搜索引擎

（2）按范围划分

① 对外推广。对外推广是指向站外的用户推广企业服务或产品，以增加网站的浏览量、会员人数、网站销售等。

② 对内推广。对内推广是指对企业已有用户的推广，针对网站内部用户的浏览量、购买量进行的推广活动，以增加会员的活跃度和购买量。

（3）按投入划分

① 付费推广。付费推广是指企业向专门的推广机构付费购买的推广服务，比如各种网络付费广告、竞价排名等。

② 免费推广。免费推广是指企业不用付费就可以进行的推广活动，比如论坛推广、贴吧推广、软文推广、资源互换等。

任务二　理解网络社区营销

【任务描述】

在日常生活中,每个人都有自己的圈子,这些圈子由一些有共同兴趣爱好的人组成。在这个圈子里,人们可以相互交流自己的经验、看法、兴趣等。在网络生活中,也存在这样的圈子,这就是网络社区。在本任务中,我们将学习网络社区营销的概念、平台和方法。

【任务实施】

一、网络社区与网络社区营销

1. 网络社区的含义

与现实生活中的社区相似,网络社区也是一个供人们交流的空间,只不过网络社区是针对网民的、建立在网络上的虚拟社区。人们可以在这个社区里相互交流、分享、互动,常见的网络社区有聊天室、论坛、博客等。每个社区都有自己的主题,聚集了一些兴趣、爱好相似的网络用户,由于参与用户众多,很多商家发现了网络社区的营销价值。

网络社区,包括三个组成部分:

① 社区平台:指为成员提供交流的平台,如论坛、聊天室、博客、百科、问答、文库等;

② 社区内容:社区里面的人们相互交流的信息;

③ 社区成员:参与社区的网民。

这三个部分组织在一起,最终形成了一种网络社区文化和大环境,从而成为了真正意义上的网络社区,如图4-1所示。

图4-1　网络社区

2. 网络社区营销

网络社区营销是基于网络社区进行的营销,在网络社区中针对社区成员开展的一系列营销活动。企业做好网络社区营销可以从以下几个方面着手。

（1）舆论引导

消费者在购买商品时，除了对商品进行信息了解，也会听取他人的意见，尤其是已经购买过的人。消费者会听取他人意见、查看他人评价、询问他人使用经验等，网络社区就满足了消费者了解信息的需要。企业可以在网络社区中进行一定的舆论引导，比如很多企业会雇用一些版主和民意领袖，积极地对用户进行舆论引导，使消费者相信企业的产品和服务，从而产生购买行为。

（2）精准营销

社区中活跃的用户都是企业的潜在客户和已经购买过的客户。企业可以通过收集社区用户信息，尤其是活跃用户的信息，例如上网习惯、消费习惯、消费偏好等信息，对活跃用户进行跟踪分析，为客户量身打造有针对性的服务和商品。

（3）资源整合

企业在建立网络社区和进行营销推广时需要考虑的问题主要有以下三个方面。

① 用户。每个社区有自己的用户，不同的社区用户也不同。

② 成本。社区的维护需要企业投入一定的人力和财力成本。

③ 数据库。社区用户的信息是社区营销的核心，只有收集到用户的相关资料后，才能进行更有针对性的营销。用户的数据包括个人信息、购买信息、上网习惯、消费习惯、消费偏好等。庞大的数据必须要有数据库技术的支持，企业需要建立相应的数据库来管理信息，并从信息中挖掘出价值。

有效整合以上三点资源，企业才能更好地进行社区营销。

二、 网络社区营销的平台和方法

1. 网络社区营销平台分类

（1）综合性社区

综合性社区包含了多个不同主题、不同板块的内容，如猫扑和天涯等，包含了从政治、军事、娱乐、兴趣、爱好等多个板块。综合社区为用户提供了各类信息的分享和交流平台，像猫扑其实就是一个信息大杂烩，如图 4 - 2 所示。

图 4 - 2　猫扑网

（2）集成性或整合性社区

这种社区是通过在线社区间互换内容和链接，来集成或过滤信息，如大旗网。大旗网聚合中文论坛热门帖子、图片和视频,设有口碑榜和体验中心,提供消费指南。

（3）交友社区

交友社区主要是以婚恋交友或商务社交为目的提供信息的服务平台,如百合网、世纪佳缘等。世纪佳缘网是一个较大的婚恋网站,如图4-3所示。

图4-3　世纪佳缘网

（4）校园BBS和教育社区

如北大未名BBS、复旦的日月光华BBS、浙江大学缥缈水云间BBS等,主要面向在校学生,集学术讨论、信息共享、生活娱乐为一体,一般规模较大,会员交流活跃,具备一定的影响力,如图4-4所示。

图4-4　北大未名BBS

（5）企业自建的品牌社区

如可口可乐与青少年联系互动的"Icoke",NIKE的足球球迷的社区网站"Nikefans",联想开设的"联想阳光部落",如图4-5、图4-6所示。这些社区虽不是由网络自发形成的,带有一定的营销色彩,但也聚集了有一定兴趣和爱好的人群,是一种特殊的网络社区。

图4-5　Icoke

图4-6　Nikefans

　　网络社区形式各异,各具特色,为企业的社区营销提供了广阔多样的平台。

　　2. 选择有特色和传播价值的社区平台

　　第一步:衡量社区平台的传播价值

　　做好社区营销的第一步就是衡量社区平台的价值。不是每个社区都能符合企业的营销需求的。例如汽车类企业就很少会在八卦类社区进行营销。企业在选择平台时需要考虑平台的主题、用户收入水平、用户的消费需求、价值取向等,避免在一些不符合企业营销目标、企业品牌理念的社区平台上进行营销。

上海相宜本草化妆品公司在销售产品时,选择唯伊网作为其营销平台。因为唯伊网是国内一家新兴的化妆品品牌口碑社区,用户以 20—30 岁人群为主,他们的品牌消费习惯不稳定,有较大的热情尝试新产品或品牌。相宜本草作为国内天然本草类化妆品的年轻品牌,虽品质良好,但市场认知度较低,消费者对该品牌了较少,其价格较适合年轻群体。唯伊网独特的社区文化和年轻的用户群与相宜本草的产品定位和目标顾客相符,这为其成功的营销奠定了坚实的基础。

　　社区密度和流动性大,活跃度高才能吸引相关网民积极参与。公信力强主要指社区在某一领域或某方面应有一定的权威性,有比较公正客观的认知形象。网民对网络社区的信任与认同能吸引其他媒体转载,促进产品信息的多次传播。用户黏性是网络社区特有的核心价值。用户黏性高的社区能提高用户在社区平台的停留时长及登录频次。

　　第二步:选择适合自身的社区平台

　　可选择的平台有两种:一种是自建平台,另一种是利用现有的公共社区。一些大品牌可以选择自建社区,把品牌的现有客户和潜在客户聚集起来,例如可口可乐、肯德基等一些知名大品牌都建有自己的网络社区平台。中小型企业或年轻品牌自建社区缺乏一定的实力和用户基础,可以选择加入现有的一些社区平台。

 【任务评价】

● 自我评价

主　要　内　容	自我评价等级(在符合的情况下面打"√")			
	全都做到了	大部分(80%)做到了	基本(60%)做到了	没做到
了解网络社区营销的概念				
了解网络社区营销平台				
理解网络社区营销方法				
自我总结　我的优势				
我的不足				
我的努力目标				
我的具体措施				

● 小组评价

主　要　内　容	小组评价等级(在符合的情况下面打"√")			
	全都做到了	大部分(80%)做到了	基本(60%)做到了	没做到
了解网络社区营销的概念				
了解网络社区营销平台				

续 表

主 要 内 容	小组评价等级(在符合的情况下面打"√")			
	全都做到了	大部分(80%)做到了	基本(60%)做到了	没做到
理解网络社区营销方法				

建议

　　组长签名：　　　　　　　　　　　　　　　　　　　　年　月　日

● 教师评价

主 要 内 容	教师评价等级(在符合的情况下面打"√")			
	优 秀	良 好	合 格	不合格
了解网络社区营销的概念				
了解网络社区营销平台				
理解网络社区营销方法				

评语

　　教师签名：　　　　　　　　　　　　　　　　　　　　年　月　日

任务三　了解微博营销

【任务描述】

　　很多人喜欢在微博上发布自己的状态,分享信息,微博逐渐成为人们上网娱乐、交流的重要工具。对企业来说,微博是一种高效的营销工具。微博有两种,一种是企业微博,一种是个人微博。本任务中,我们将学习企业微博的营销方法,以及如何利用好微博进行营销。

【任务实施】

一、微博营销

1. 微博简介

　　微博(Weibo),即微型博客(MicroBlog)的简称,是博客的一种,是一种通过关注、分享简短实时信息的广播式的社交网络平台。用户可以将自己看到的、听到的、想到的事情写成一句话,或发一张图片,通过电脑、手机、iPad 等随时随地分享给朋友,还可以关注朋友,即时看到朋友们发布的信息。

微博起初只是个人与个人之间的信息分享和互动,随着微博用户的增多,企业也认识到在微博发布信息的便捷性和与客户互动的便捷性,所以越来越多的企业也加入到了微博的用户大军中。

2. 微博的七个营销功能

（1）新品发布

企业在新产品上市之前可以在企业微博上发布新品预告,吸引微博好友点击查看,提高企业新品知名度,为企业新品上市进行预热。在企业新品上市时,企业微博也可以同步发布新品的销售情况。企业的微博新品宣传,可提高微博网友的关注度、扩大产品的知名度,为企业的新品销售打下基础。

（2）促销

企业在做产品促销活动时,可以在企业微博上发布产品促销信息和商品链接,企业微博好友在查看微博信息时,就会看到企业发布的促销信息。在微博上发布促销信息,可以使更多的人知道企业的促销信息,扩大信息的覆盖人群,这样会吸引更多的潜在客户。

（3）CRM

CRM,即客户关系管理,企业开通微博除了可以进行产品营销外还可以进行客户关系管理。企业可以通过自己的微博账号,添加企业客户的微博为好友,通过评论和私信与客户进行交流和互动,这也是维护客户关系的一种方式。随着微博的发展,越来越多的企业都采用微博来进行客户关系管理。

（4）时间营销

不同时间点,微博用户的阅读偏好也不相同。企业要想使自己所发布的微博信息获得较高的阅读量,就需要了解微博客户阅读时间习惯和阅读内容习惯。

阅读时间习惯是指客户一般喜欢在什么时间查看微博信息。据统计,每天的22—24点是用户微博浏览最活跃的时间,而这个时间一般都是晚上睡觉前,微博用户在这个时间都会打开微博浏览信息。除了了解微博用户的活跃时间,还要了解用户的阅读习惯,不同的时间用户喜欢阅读的内容也是不一样的。例如,上午8—9点企业发一些文字饱满、充满议论的内容会容易被阅读,而晚上下班时间如果还发布这样多的文字信息,用户就可能不会再阅读了,因为这个时候很多人劳累了一天,喜欢阅读一些简短的文字或图片,而不是长篇大论。

（5）精确营销

微博营销的基础是源于众多的微博粉丝,运用数据分析技术对微博粉丝进行分析,从而进行有针对性的营销,能提高营销的效率。另外还可以通过关键词查找,或者是微吧查找,搜索到符合企业产品或服务特点的人,加为好友,扩大企业的微博粉丝中的潜在客户量。

（6）口碑营销

微博的主要功能之一就是分享,即转载功能,微博用户可以分享其他人发布的微博。同一条微博,第一个人转载,假如这个人有100个好友,那么这100个人都会看到该微博;第二个人转载,假如这个人有300个好友,那么这300个人都会看到该微博,所以微博的曝光度是随着转载的人数呈几何级增长的。

（7）危机公关

回顾微博历史,一些突发事件在社会上造成了很大影响,造成如此影响的助推力量,是"微博"这个新媒体。那么在微博时代,如何做好危机公关?

微博给企业公关带来了以下的三点挑战:

① 危机发生速度快。微博的准入门槛低,注册成为微博用户就可以发布、分享、转载信息,极大地促进了用户的交流。但这也给企业危机的发生和快速发展提供了条件。

② 负面信息传播更快速。负面信息更易引起微博用户的围观,导致负面消息的传播速度远快于好消息。

③ 信息扩音器。"微博曝光—网民关注—传统媒体报道—网络转载—网民议论放大—更多媒体关注—更多社会关注—事件升级,掀起高潮",这种令人恐怖的裂变效应,往往使企业措手不及。

面对微博时代的公关危机,企业可以通过以下三点来解决公关危机:

① 建立危机公关体系。从危机的预防、处理到恢复,要有一套完整的应对体系,不至于在危机发生时手忙脚乱。

② 要做好舆情监测工作。注意对网络上的舆情进行监测,争取在第一时间发现危机、解决危机。

③ 主动应对。发生危机后,不能一味逃避或者忽视,应主动应对,积极承担责任、解决问题。

二、 微博推广实施

1. 管理企业微博客户

某电子商务企业是一家电子商务运营服务商,2012 年 3 月该企业在新浪上开通了企业微博,开通企业微博后的第一步,就需要为自己的微博添加好友,有了好友,企业发布的信息才会被别人看到。

图 4-8　搜索微博好友

添加新微博好友,首先在微博首页的搜索栏搜索自己想要关注的微博用户名称(如图 4-8 所示)。

点击微博用户名就可以进入到该用户的微博页面,点击"关注"就可以添加该用户为自己的微博好友了(如图 4-9 所示)。

图 4-9　添加好友

2. 发布信息

2014 年 6 月,该企业打算举办一期电子商务技术交流夏令营,活动举办工作人员打算在企业微博上发布这条活动信息,工作人员首先需要登录企业微博,在企业微博首页的发布栏输入活动内容:"最新一期的电子商务技术交流夏令营快要开始啦,想要参加的赶快报名哦",写好活动内容后点击"发布",这样,一条企业信息就发布成功了,企业所有的微博粉丝都会看到这条信息(如图 4-10 所示)。

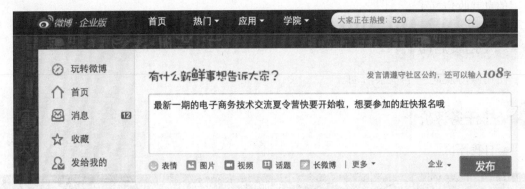

图 4-10　企业微博

3. 发起活动

企业还可以通过微博进行客户的信息收集。例如,发起投票活动,吸引微博粉丝参与,这样企业就可以收集到客户的反馈信息。

2014 年 9 月,该企业的管理人员想要了解用户对企业产品的使用情况和满意度,打算在企业微博上发起一个产品调查投票活动。企业工作人员首先需要登录企业微博,在企业微博首页中,选择"投票"这个选项,在标题栏输入投票活动的标题"您更喜欢商派的哪一款产品?",在投票选项中输入 5 个公司产品的名称,在"单选/多选"项里选择单选,最后点击"发起"(如图 4-11 所

图 4-11　发起投票

示),这样一个企业发起的投票活动就建立好了,所有的企业微博粉丝都会看到该投票活动,用户可以在企业发布的这个活动上直接勾选自己喜欢的产品,这样一个关于用户对企业产品的使用信息就收集好了。

 【拓展活动】

使用微博发起一个投票活动。

 【任务评价】

● 自我评价

主 要 内 容	自我评价等级(在符合的情况下面打"√")			
	全都做到了	大部分(80%)做到了	基本(60%)做到了	没做到
熟悉微博营销的基本内容				
理解微博的七个营销功能				
了解企业微博的发布步骤				
自我总结 我的优势				
我的不足				
我的努力目标				
我的具体措施				

● 小组评价

主 要 内 容	小组评价等级(在符合的情况下面打"√")			
	全都做到了	大部分(80%)做到了	基本(60%)做到了	没做到
熟悉微博营销的基本内容				
理解微博的七个营销功能				
了解企业微博的发布步骤				

建议

组长签名:　　　　　　　　　　　　　　　　　　　　　　　　年　月　日

● 教师评价

主　要　内　容	教师评价等级(在符合的情况下面打"√")			
	优　秀	良　好	合　格	不合格
熟悉微博营销的基本内容				
理解微博的七个营销功能				
了解企业微博的发布步骤				

评语

教师签名：　　　　　　　　　　　　　　　　　　　　　　　　年　月　日

任务四　了解 IM 营销

【任务描述】

很多人一打开电脑就会登录上自己的 QQ、微信、MSN 等即时聊天工具，这些即时聊天软件不但可以使我们方便快捷地与他人沟通，还可以成为网络营销的高效工具。

【任务实施】

一、IM 的含义

IM，是 instant messaging 的缩写，中文叫做即时通讯，是企业通过即时通信工具推广产品和品牌，以实现目标客户挖掘和转化的网络营销方式，如图 4-12 所示。常用的推广形式主要有以下两种情况：

① 网络在线交流。例如在线客服，企业可以通过设置在线客服，在线与客户进行交流。

② 广告。例如推送广告，企业通过短信、QQ、旺旺等工具给客户推送一些产品信息、促销信息，达到促进销售的目的。

图 4-12　IM 营销

二、IM 营销的优势

IM 作为互联网的一大应用，其重要性日益突出。有数据表明，IM 工具的使用已经超过了电子邮件的使用，成为仅次于网站浏览器的第二大互联网应用工具。

早期的 IM 只是个人用户之间信息传递的工具，而现在随着 IM 工具在商务领域内的普及使得 IM 营销也日益成为不容忽视的话题。IM 营销的优势具体表现如下：

1. 互动性强

IM 营销是借助即时交流工具进行的,企业可以主动地与客户进行联系,避免了被动等待被关注的困境。在进行交流时,能很好地与客户进行互动,了解客户的状况和想法,并把企业的信息传递给客户。

2. 营销效率高

企业可以通过分析用户的信息,如年龄、职业、性别、地区、爱好等,以及兴趣相似的人组成的各类群组,针对特定人群专门发送用户感兴趣的品牌信息,能够诱导用户在日常沟通时主动参与信息的传播,使营销效果达到最佳。

另外,IM 传播不受时间、地域的限制,类似促销活动这种消费者感兴趣的实用信息,通过 IM 能在第一时间告诉消费者。

3. 传播范围大

任何一款 IM 工具都聚集有大量的人气,信息可以在 IM 开展扩散传播,传播范围大、速度快。

IM 营销不是简单的即时通信营销。IM 作为即时通信工具,其最基本的特征就是即时信息传递。对于被动展示信息模式的网站营销而言,IM 营销能够弥补其不足,同潜在访客可以进行即时互动,并能够主动发起沟通,有效扩大营销途径,使流量利用最大化。由此可见,IM 营销不是简单的即时通信营销,而是以 IM 为载体获取商机的高级营销活动。

三、IM 的功能介绍

当前,网络上有很多不同的 IM 工具,例如在线客服、阿里旺旺、QQ 等,在下面的功能介绍里面我们将主要以阿里旺旺为例,了解 IM 软件的一些基础功能。

阿里旺旺是淘宝网平台使用的一种交流工具,其用户主要是淘宝网的买家和卖家。据统计目前登录阿里旺旺的用户近九成都会网上购物、网上支付,比例明显高于其他 IM 整体情况,如图 4-13 所示。

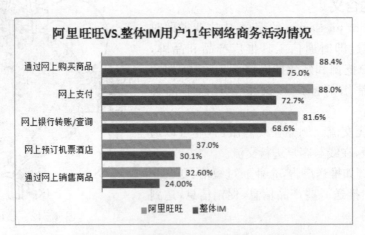

图 4-13　阿里旺旺 vs. 整体 IM 用户 11 年网络商务活动情况

1. 个性签名

设置好个人资料是最基本的要求,把旺旺名字设置成一个比较有吸引力的名字,让客户看到你的名字感到好奇,就会给你发咨询信息,同时在备注里说明产品详细信息及价格。其次就是需要设置个性签名。个性签名是我们可以经常更换的,如果利用好个性签名,推广的主动权就会把握在自己手中。我们可以把签名换成自己想要推广的信息，不仅不受限制，也能起到很好的推广效果。

个性签名出现的位置，只要添加好友后，都可以在名字的后方显示出来，如图4-14所示。

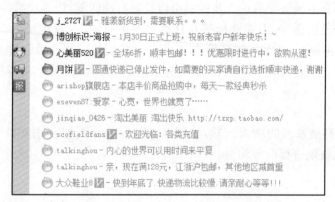

图4-14　阿里旺旺好友个性签名

阿里旺旺中个性签名的设置，一共可以设置5条不同的个性签名，每条122个字，并且可以选择滚动显示，如图4-15所示。

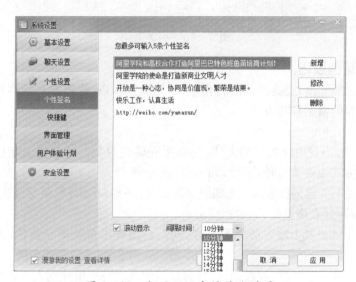

图4-15　阿里旺旺个性签名设置

以下为个性签名内容设置的参考：

① 主营产品；

② 业务联系人的电话；

③ 企业网址、博客网址或经营地址；

④ 广告语、企业的理念和口号。

2. 快捷短语

当阿里旺旺的咨询量增加的时候，企业可以通过设置快捷短语来提高工作效率。设置快捷短语最大的好处是节省打字时间，提高沟通效率。同时也可以给客户留下一种专业、热情、快速响应的良好印象。阿里旺旺最多可以添加50条快捷短语，每条不超过122个字。

3. 自动回复

客户如果在非工作时间或者客服不在电脑旁时咨询,得不到及时回复的话,客户就会觉得被怠慢。为了留住客户,使客户能随时了解到店家状态,就可以通过设置在线状态(例如忙碌中、外出就餐中、不在电脑旁等),进一步的就可以设置自动回复,让客户第一时间收到响应。

设置好自动回复的语言,需要选择好在什么情况下启动,一般建议可以立即启用自动回复。比如设置为:工作忙,若需了解详细情况,请访问我们的网站。后面附上自己的网址。这样以后只要有人来发信息向你咨询,系统就会弹出这个自动回复的话语,客户也就自然会点击进入你的网站。

4. 小工具

每个 IM 都会有最基础的聊天工具,如图 4 - 16 所示。例如发送文件、语音视频、聊天。这些都是为了能更好地进行商务沟通。

图 4 - 16 小工具

四、 IM 的营销技巧

如何提高产品曝光度,提高产品的转化率,以下从找客户、跟客户和管客户三个方面详细来给大家介绍各自的营销技巧方法。

1. 找客户

在 TM 工具中,不管用什么营销方式,都需要先确定对象。通过群去定位人是经常使用的方法。找群的方式主要为三种,下面以股票行业为例:

第一种:百度上关键词搜索法:比如股票群大全、各地(杭州)股票交流群、散户股票交流群等,复制群号保存到表格里面,同时在线加群。

第二种:在 TM 查找上输入股票类字样,同时会出现很多股票交流群,可直接查找后添加,如图 4 - 17 所示。

第三种:自己建立股票群,放在论坛、博客或其他百度贴吧里让别人来查找加入。

2. 跟客户

找到客户后,是我们跟进客户的时候,最重要的是注意以下两方面:

(1) 内容

给客户主动发送的内容,其实有很多种形式。这里列举了四种:

① 节假日的祝福、问候的信息;

② 新品上市、产品促销信息;

③ 有价值的资讯;

④ 耐人寻味的小故事。

通过这些不同形式和内容的信息,可以让我们和客户一直保持联系,而不会让客户淡忘我们公司的产品品牌。

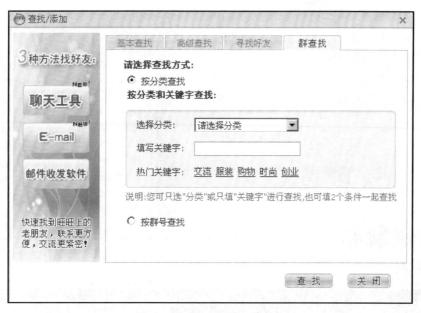

图 4-17　阿里旺旺群查找

(2) 发送

在发送方面我们又分为发送时间和发送方式。发送时间尽量选择客户在线的时候,这样才可以得到客户的响应。另外如客户急需知道某信息,在保障信息质量的前提下可以留言给对方,但不可源源不断地多次多段地回复给对方。当对方上线看到一堆的信息,也很容易造成看不全最先发送的信息。

另外,就目前 TM 发送方式来说,主要分为三种:一对一、一对多、群里发。而其中的一对多,主要是指可以对多个好友进行群发消息。具体操作可以利用阿里旺旺本身自带的向组内人员发送消息的功能,打开后可以选择自由筛选,将不再局限在以组为单位,如图 4-18所示。

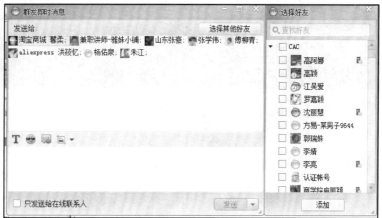

图 4-18　阿里旺旺向组员群发消息

3. 管客户

为了更好地分类客户,进行不同阶段的跟进,我们将在下面介绍如何进行群管理。

群的管理一般设为几个等级。以 QQ 好友组为例,可以进行不同好友组的分级设置,如图 4-19 所示。

图 4-19 QQ 群组分级范例

 【任务评价】

• 自我评价

主 要 内 容	自我评价等级(在符合的情况下面打"√")			
	全都做到了	大部分(80%)做到了	基本(60%)做到了	没做到
熟悉 IM 的含义				
理解 IM 营销的优势				
了解 IM 的营销技巧				
自我总结　我的优势				
我的不足				
我的努力目标				
我的具体措施				

• 小组评价

主 要 内 容	小组评价等级(在符合的情况下面打"√")			
	全都做到了	大部分(80%)做到了	基本(60%)做到了	没做到
熟悉 IM 的含义				
理解 IM 营销的优势				
了解 IM 的营销技巧				
建议				

组长签名:　　　　　　　　　　　　　　　　　　　　　　年　月　日

● 教师评价

主　要　内　容	教师评价等级(在符合的情况下面打"√")			
	优　秀	良　好	合　格	不合格
熟悉 IM 的含义				
理解 IM 营销的优势				
了解 IM 的营销技巧				

评语

教师签名：　　　　　　　　　　　　　　　　　　　　年　月　日

【拓展活动】

使用一个 IM 交流软件，列出它的营销方式。

任务五　了解知识问答推广

【任务描述】

在互联网高速发展的当代，有很多人在遇到问题后都是通过网络来找到答案。在搜索引擎越来越大众化的潮流下，利用问答平台来推广网站有效性被大多数人们所认可。

【任务实施】

一、知识问答简介

网络知识问答是一种基于搜索的互动式知识问答分享平台。每个网络用户都可以通过平台账号发布自己的问题，等待他人回答。也可以通过查看他人提出的问题，选择其中自己知道的问题进行回答。提问者根据问题答案的准确度来给答案评分。

知识问答体系分为两大类。

1. 互联网搜索引擎知识问答体系

这类知识问答一般是由某种搜索引擎或者浏览器互联网企业建立的用户之间的知识问答体系，例如百度知道、搜狗问问、360问答等，如图 4 - 20、图 4 - 21、图 4 - 22 所示。

这类由搜索引擎公司或互联网企业建立的知识问答体系，用户在发布问题时首先需要登录，然后再发布自己的问题或回答他人的问题。

2. 专业网站内部的知识问答体系

专业类网站是指只涉及某一领域信息的专门网站，例如汽车类信息网站、房产类信息网站、健康知识类网站，这类专业网站内部也会建立一定的知识问答体系，以便网站用户之间的

图 4-20　百度知道

图 4-21　搜狗问问

图 4-22　360 问答

知识交流。例如，汽车之家网站的知道板块，就为该网站所有用户提供了一个汽车知识问答交流的平台，如图 4-23 所示。

图 4-23　汽车之家·知道

二、　知识问答推广

企业的知识问答推广，主要是通过在知识体系中问题和答案的发布，有相似问题的用户只要在知识体系中进行问题搜索，就会看到该问题的答案。

例如，小美想要在网上购买一款爽肤水，但她不知道哪款爽肤水比较好，所以她在百度知道中搜索"爽肤水哪个牌子好",搜索结果中就有很多与小美问题相似的问题,并且都附有答案。小美点击其中一个搜索结果,看到该问题的答案推荐了两款爽肤水,并且回答者通过自己的使用经验说明了推荐产品的优点——"保湿",如图4-24所示。

图4-24　知识问答推广

小美觉得该问题答案推荐的产品,完全符合自己的需求,于是小美决定购买该品牌的产品。小美的这次百度知道搜索案例就是典型的知识问答推广。

知识问答体系有两点推广价值:

1. 口碑营销

知识问答形式的推广是互联网用户之间的口碑营销。

在传统的口碑营销中,对于企业而言,企业需要通过客户间的相互交流将自己的产品信息或者品牌传播开来;对于消费者而言,想要了解一款商品或一家企业可以向自己的熟人打听。

在互联网高速发展的当代,互联网用户是不可忽视的一个庞大群体,据统计,至2015年我国的互联网用户达6.48亿。知识问答系统就可以通过问和答的方式做到产品或企业的口碑营销,消费者可以通过网络知识问答体系发起问题、回答问题或浏览问题答案,这就形成消费者之间的网络口碑。

例如,小美想要买一款金盏花爽肤水,但是她不知道该买什么牌子的好,于是她在网上搜索"金盏花爽肤水哪个牌子好",搜索结果显示有很多人已经问过相似问题,而且这些问题也都已经有人做出了回答,于是小美就开始查看这些相似问题的答案,发现很多人都推荐"The face shop"这个品牌的产品,如图4-25所示。

2. 经验沉淀

在很多问题的回答中,回答者会描述自己的使用经验。在购物过程中,很多消费者心理比较偏向于相信该产品使用者的描述信息,潜意识里他们觉得这些信息比厂家的介绍信息更为可靠。

如图4-26的回答中,回答者描述了自己的使用情况,这种使用描述,给其他浏览问题的网络用户提供了该产品的使用介绍,并且在一个问题中,很多用户会根据自己的使用进行描述,这就构成了使用者之间的经验交流,这些经验交流信息对想要买这款产品的消费者来说就是重要的参考信息。

金盏花爽肤水是什么牌子的

Spray、tide　10级　| 分类：美容塑身 | 被浏览325次 | 2013.07.08

有英文的，有的是契尔氏的，哪个好

sanfibell
采纳率：51%　10级 | 2013.07.09

the face shop　的啦～

我觉得还是the face shop　的好。。

但是一定要买到正品啊、、

👍 1　👎 0　分享到：

哪些牌子有金盏花调理爽肤水

ThomasChen_　10级 | 分类：其他 | 被浏览55次 | 2013.06.01

fuxy24
采纳率：55%　10级 | 2013.06.02

the face shop

👍 1　👎 0　分享到：

金盏花爽肤水哪个牌子好？

somazero　10级 | 分类：美容塑身 | 被浏览328次 | 2013.10.16　　✎检举

huihexiaoen
采纳率：58%　10级 | 2013.10.16

韩国品牌菲诗小铺的金盏花系列的产品功效最好，性价比最高！

👍 1　👎 0　分享到：

图 4-25　口碑营销

图 4－26　经验沉淀

三、知识问答发布

1. 回答提问

① 登录问答体系首页(如图 4－27 所示)。

② 选择一个自己可以回答的问题,点击进入问题回答页面,在回答文本框中输入自己的答案,点击"提交回答"。这样一个问题就回答成功了,如图 4－28 所示。

图 4-27　百度知道首页

图 4-28　提交问答

2. 发布问题

① 登录知识问答体系首页,点击"我要提问",如图 4-29 所示。

② 在问题信息页面,填写问题和问题补充信息,填写好之后点击"提交问题",如图 4-30 所示。这样一个问题就发布成功了,问题发布之后等待其他人前来回答。

图 4-29 我要提问

图 4-30 发布问题

【拓展活动】

通过知识问答平台发布一条信息。

【任务评价】

● 自我评价

主 要 内 容	自我评价等级(在符合的情况下面打"√")			
	全都做到了	大部分(80%)做到了	基本(60%)做到了	没做到
熟悉知识问答体系的类别				
理解知识问答体系的价值				
了解知识问答的发布流程				
自我总结　我的优势 我的不足 我的努力目标 我的具体措施				

● 小组评价

主 要 内 容	小组评价等级(在符合的情况下面打"√")			
	全都做到了	大部分(80%)做到了	基本(60%)做到了	没做到
熟悉知识问答体系的类别				
理解知识问答体系的价值				
了解知识问答的发布流程				

建议

　　组长签名：　　　　　　　　　　　　　　　　　　　　　年　月　日

● 教师评价

主 要 内 容	教师评价等级(在符合的情况下面打"√")			
	优 秀	良 好	合 格	不合格
熟悉知识问答体系的类别				
理解知识问答体系的价值				
了解知识问答的发布流程				

评语

　　教师签名：　　　　　　　　　　　　　　　　　　　　　年　月　日

任务六　　了解百科推广

【任务描述】

在我们日常的网络搜索中,百科提供的信息往往给用户一种权威性的搜索体验。企业可以运用百科网站以建立词条的形式进行宣传,从而达到提升品牌知名度等目的。

【任务实施】

一、百科的含义

百科指天文、地理、自然、人文、宗教、信仰、文学等全部学科的科学知识的总称。互联网上的百科是指对各种名词的解释说明。互联网用户可以在搜索引擎上输入自己想要了解的名词,点击搜索就可以看到百科对该名词的解释,如图 4-31 所示。

图 4-31　百度百科

以百度百科为例,百度百科中包含了百科中的所有类别,用户可以选择或搜索自己想要了解的知识,如图 4-32、图 4-33 所示。

图 4-32　百度百科分类

图 4-33　百度百科首页

　　传统百科书目的完成都是通过专业文字人员整理、编写而成,而互联网百科最大的特点就是每个人不仅可以是百科的阅读者,还可以成为百科创建者。点击每一个知识类别或词条,就会进入到详细信息说明页面,也可以自己参与知识的编辑、上传环节。

二、百科推广

　　随着互联网的普及,人们在接触到陌生事物时,会习惯先到互联网上进行检索。百度作为最大的中文搜索引擎,被人们广泛使用。在百度搜索各种名词会发现,排在搜索引擎结果页第一位的,往往是百科网站中的词条。由于百科的严格审核机制,百科中出现的词条往往具有权威性,企业使用百科作为推广方式能够提升企业形象。

　　例如,小美想要了解相宜本草这个化妆品品牌,在百度中输入"相宜本草",点击"百度一下",就会得到和"相宜本草"这个词条相关的内容,如图 4-34 所示。

图 4-34　词条搜索

小美点击搜索结果中相宜本草-百度百科,就可以看到相宜本草这个品牌和该品牌旗下产品的介绍,如图4-35所示。

图4-35 词条解释

这就是该品牌的百科推广。百科推广以建立词条的形式进行宣传,从而达到提升品牌知名度和企业形象等目的。

三、百科发布规则

百科词条的创建和修改也会受到百科发起公司的审核,只有符合一定要求的百科词条才会上传成功。以下是百科词条创建的基本规则:

1. 通用规则

① 不能添加广告性质的内容,如联系方式、官方网站链接等;

② 不能涉及反动、违法犯罪、色情、暴力的内容;

③ 不能编写虚假、捏造、恶搞、缺乏根据的内容;

④ 不能侵犯他人合法权益。

2. 具体规则

① 规范的词条名称。百科词条名是一个专有名词,使用正式的全称或最广为人知的常见名。例如:番茄炒蛋、中国石油化工集团公司、新零售;而不能是:如何烹制番茄炒蛋、中石化、新型零售。

② 选择正确的词条类型。例如"太阳星云"这个词条的分类应选择"天体",而不能选择"星系"。

③ 完善的词条信息。添加一个词条,需要有完善的词条说明或者介绍。

④ 权威的参考资料。一个合格的百科词条不仅需要丰富的内容,还需要权威的参考资料来证明其内容的真实性,这是成功创建词条的关键部分。

四、百科创建

在了解这些规则之后,就可以着手创建一个百科中还没有的词条。

① 点击"创建词条",如图 4 - 36 所示。

图 4 - 36　创建词条(1)

② 在词条名文本框中输入自己要创建的词条名称,点击"创建词条"按钮,如图 4 - 37 所示。

图 4 - 37　创建词条(2)

【拓展活动】

通过百科平台发布一条信息。

【任务评价】

- 自我评价

主 要 内 容	自我评价等级(在符合的情况下面打"√")			
	全都做到了	大部分(80%)做到了	基本(60%)做到了	没做到
熟悉百科的发布规则				
理解百科推广的内容				
了解百科创建的步骤				
自我总结　我的优势				
我的不足				
我的努力目标				
我的具体措施				

- 小组评价

主 要 内 容	小组评价等级(在符合的情况下面打"√")			
	全都做到了	大部分(80%)做到了	基本(60%)做到了	没做到
熟悉百科的发布规则				
理解百科推广的内容				
了解百科创建的步骤				

建议

　　组长签名：　　　　　　　　　　　　　　　　　　　年　月　日

- 教师评价

主 要 内 容	教师评价等级(在符合的情况下面打"√")			
	优　秀	良　好	合　格	不合格
熟悉百科的发布规则				
理解百科推广的内容				
了解百科创建的步骤				

评语

　　教师签名：　　　　　　　　　　　　　　　　　　　年　月　日

任务七　了解文库推广

【任务描述】

　　文库推广是网络营销推广方式的一种,企业通过把和企业相关的资料上传至文库,有用户在文库中搜索时就可以看到。由于文档包含的信息较多,搜索企业通过文档进行推广可以帮助用户更加深刻了解企业的特点。

【任务实施】

一、文库的含义

　　在互联网上,文库指网上开放的、供网友在线分享文档的平台。用户可以把文档上传至文库,也可以从文库下载他人的文档。例如百度文库、新浪爱问共享资料、豆丁网、道客巴巴等(如图4-38所示)。通常用户上传文档,需要经过文库的审核,文库自身不编辑或修改用户上传的文档内容。其他网友可以在线阅读和下载这些文档。用户上传文档可以得到一定的积分,下载有标价的文档则需要消耗积分。

图4-38　百度文库

二、文库推广形式

　　企业的文库推广,主要是通过文档的形式向网络用户介绍企业或企业产品信息。消费者在文库中搜索企业名称或产品名称,就会显示相关的文档,消费者可以在线阅览或下载该文档。

例如,小美想要了解相宜本草这个品牌的营销相关案例,她在百度文库中搜索"相宜本草营销案例",就会显示出与该词相关的所有文档,如图4-39所示。

图4-39 文库搜索

点击第四条搜索记录,就会进入到PPT的阅览页面,如图4-40所示。

图4-40 文档阅读

该 PPT 就为消费者了解企业的产品提供了帮助,这也是企业推广的一部分。对于企业来说,企业一般会把产品说明书、产品介绍文案、企业活动文案等上传到文库,以便消费者查阅。

三、发布文档

① 登录文库首页,点击"上传我的文档",如图 4-41 所示。

图 4-41 上传文档

② 在电脑中选择需要上传的文档,点击"打开",如图 4-42 所示。

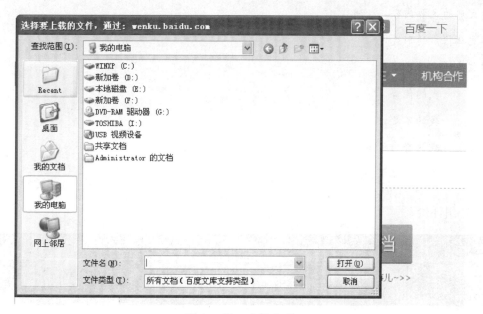

图 4-42 选择文档

③ 填写文档简介,点击"确认上传",如图 4-43 所示。这样一篇文档就上传成功了。

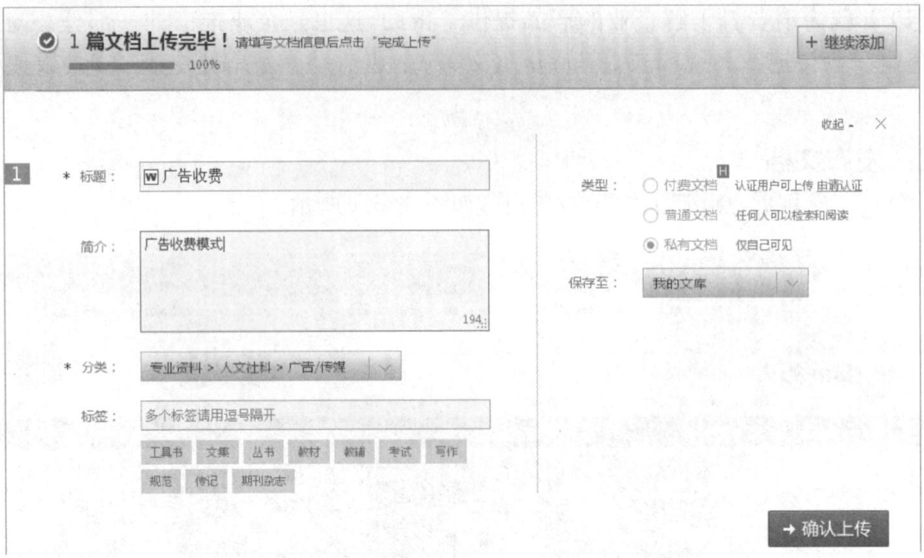

图 4-43　确认上传

【任务评价】

• 自我评价

主　要　内　容	自我评价等级(在符合的情况下面打"√")			
	全都做到了	大部分(80%)做到了	基本(60%)做到了	没做到
熟悉文库的主要内容				
理解文库推广的形式				
了解文库的上传步骤				
自我总结　我的优势				
我的不足				
我的努力目标				
我的具体措施				

• 小组评价

主　要　内　容	小组评价等级(在符合的情况下面打"√")			
	全都做到了	大部分(80%)做到了	基本(60%)做到了	没做到
熟悉文库的主要内容				
理解文库推广的形式				

续　表

主　要　内　容	小组评价等级(在符合的情况下面打"√")			
	全都做到了	大部分(80%)做到了	基本(60%)做到了	没做到
了解文库的上传步骤				

建议

　　组长签名：　　　　　　　　　　　　　　　　　年　月　日

● 教师评价

主　要　内　容	教师评价等级(在符合的情况下面打"√")			
	优　秀	良　好	合　格	不合格
熟悉文库的主要内容				
理解文库推广的形式				
了解文库的上传步骤				

评语

　　教师签名：　　　　　　　　　　　　　　　　　年　月　日

【拓展活动】

通过文库平台发布一条信息。

·项目小结与评价·

※ 项目小结

　　网络社区不仅是现代网络生活的重要组成部分，还是企业进行网络营销的工具之一，在本项目中我们学习了网络社区的几种形式：微博、IM、知识问答、百科和文库，了解了这几种营销形式的具体内容和步骤，为我们理解网络营销的深刻内涵提供了帮助。

※ 项目评价

● 自我评价

主 要 内 容	自我评价等级(在符合的情况下面打"√")			
	全都做到了	大部分(80%)做到了	基本(60%)做到了	没做到
熟悉网络推广的基本知识				
理解网络社区营销的含义				
了解不同的推广方式				
自我总结 我的优势 我的不足 我的努力目标 我的具体措施				

● 小组评价

主 要 内 容	小组评价等级(在符合的情况下面打"√")			
	全都做到了	大部分(80%)做到了	基本(60%)做到了	没做到
熟悉网络推广的基本知识				
理解网络社区营销的含义				
了解不同的推广方式				

建议

组长签名：　　　　　　　　　　　　　　　　　年　月　日

● 教师评价

主 要 内 容	教师评价等级(在符合的情况下面打"√")			
	优 秀	良 好	合 格	不合格
熟悉网络推广的基本知识				
理解网络社区营销的含义				
了解不同的推广方式				

评语

教师签名：　　　　　　　　　　　　　　　　　年　月　日

· 项 目 练 习 ·

一、单选题

1. 下列哪项属于专业网站内部的知识问答？（　　　）

A. 百度知道　　　　B. 搜狗知道　　　　C. 360 搜索　　　　D. 汽车之家

2. 下面哪项是知识体系推广的价值？（　　　）

A. 经验沉淀　　　　B. 销售促进　　　　C. 吸引流量　　　　D. 流量转化

3. 百科具有什么属性？（　　　）

A. 权威性　　　　B. 解释性　　　　C. 介绍性　　　　D. 从属性

4. 下列哪一项不是百科的发布规则？（　　　）

A. 遵纪守法　　　　B. 信息完善　　　　C. 附有官网链接　　　　D. 真实有效

5. 下列哪一项不是文库推广的内容？（　　　）

A. 企业信息　　　　B. 产品说明书　　　　C. 产品视频广告　　　　D. 企业活动文案

二、多选题

1. 下列哪几项属于知识问答推广的价值？（　　　）

A. 口碑营销　　　　B. 销售促进　　　　C. 经验沉淀　　　　D. 客户服务

2. 下列哪几项是百科的发布规则？（　　　）

A. 遵纪守法　　　　B. 真实有效　　　　C. 官方网站链接　　　　D. 信息完善

3. 下列哪几项是百科创建的步骤？（　　　）

A. 点击创建　　　　B. 编辑信息　　　　C. 选择分类　　　　D. 确认提交

4. 下列哪几项是文库推广的内容？（　　　）

A. 产品使用说明　　　B. 企业信息介绍　　　C. 企业活动文案　　　D. 企业产品广告

三、判断题

1. 微博可分为企业微博和个人微博。　　　　　　　　　　　　　　（　　　）

2. 知识问答推广具有三点推广价值。　　　　　　　　　　　　　　（　　　）

3. 百度文库是一个知识问答平台。　　　　　　　　　　　　　　　（　　　）

4. 360 搜索是一个知识问答平台。　　　　　　　　　　　　　　　（　　　）

5. 360 爱问是一个百科体系。　　　　　　　　　　　　　　　　　（　　　）

6. 百度文库是一个百科体系。　　　　　　　　　　　　　　　　　（　　　）

项目五　网络广告营销

【项目导读】

以前,企业想要消费者了解自己的产品和服务,需要通过电视、广播、杂志、报纸等传统媒体来发布广告,从而吸引客户来店购买。而现在,企业可以借助互联网让更多的客户了解自己的产品和服务,用户可以直接通过点击链接进行购买。互联网上的广告被称为网络广告,它与传统的广告不同,传播力更大,传播范围更广。在本项目中,我们将学习网络广告营销的相关知识。

【项目学习目标】

1. 了解网络广告的概念和分类;
2. 了解网络广告的计价模式;
3. 了解网站联盟。

【项目任务分解】

1. 认识网络广告;
2. 了解网络广告的实施;
3. 了解网站联盟。

任务一　认识网络广告

【任务描述】

通常,当我们打开网页时,网页上会跳出各种各样的广告,让人眼花缭乱。点击广告就会进入企业网站或商品购买页面。在传统广告中,企业发布什么内容、在什么媒体上发布、什么时间发布都是由企业自己决定的,用户没有选择权,只是被动地接受。网络广告则不同,网络广告的形式更多,内容更丰富,用户也拥有更大自主选择权。在本任务中,我们将了解网络广告的概念、特点和主要类型。

【任务实施】

一、网络广告的概念及特点

1. 网络广告的含义

网络广告是指企业借助互联网工具在网络平台上投放的广告。网络广告常见的形式有软文广告、链接广告、图片广告、视频广告等。

2. 网络广告的特点

和传统广告相比较,网络广告具有以下特点:

(1) 交互性

报纸广告、杂志广告、电视广告、广播广告等传统广告很少与客户进行互动。而网络广告信息是互动传播的,用户可以主动选择广告进行查看,也可以通过点击广告进入购买页面,或者参与企业的调研活动,为企业反馈相关信息。

(2) 实时性和快速性

互联网信息传输速度极快,网络广告由于继承了互联网的基因,同样传播速度非常快。企业发布广告、修改广告、删除广告都可以在极短的时间内完成。

(3) 准确跟踪和衡量广告效果

网络广告可以通过相关技术进行追踪和衡量广告的投放效果。例如,通过对点击量、转化量等数据进行分析,进而精确计算出网络广告的营销效果。网络广告的追踪、衡量数据功能可以帮助企业及时修改经营策略,完善经营情况。因此较之其他广告形式相比,网络广告对企业的反馈更及时、更有效。

(4) 传播范围广

只要具备上网条件,网络用户就可以在任何时间、任何地点浏览广告,这大大提高了广告的传播范围。

(5) 时间灵活、价格低廉

传统媒体广告发布的时间和周期都是提前设定好的,而网络广告则可以不受时间限制,商家可以根据不同广告的转化率进行灵活的调整。另外,网络广告价格也较传统广告价格低廉。

(6) 针对性

网络广告的投放针对性较高。通常,企业所选择的投放广告的平台,其用户和产品相关性相对较高。例如,某汽车企业在"汽车之家"网站上投放产品广告,而该网站的用户大多都是和汽车产品相关的用户。

(7) 灵活多样的投放形式

网络广告的形式灵活多样,可以是声音、文字、图像、视频等,也可以是这几项的组合,丰富的形式更具吸引力,吸引客户进一步了解企业的产品或服务。

二、 网络广告的主要类型

网络广告具体的表现形式可以分为以下几大类:

1. 主页形式

主页形式的广告一般表现为企业网站或某一网页,是当前很多企业采用的方法。当然,企业在网络上的广告形象需要和线下的形象保持一致。例如 IBM 的官网宣传广告与它线下的宣传一样,都是以蓝色为基调,这与它的品牌宣传"蓝色巨人"的形象相一致,如图 5-1 所示。

2. 旗帜广告

旗帜广告是最常见的网络广告形式,主要包括以下几种:

① 按钮广告。按钮广告是从旗帜广告衍变来的广告形式,以按钮的形式在网页上存在,广告主通常用来推广其 logo 或品牌,如图 5-2 所示。

② 插页广告,也叫作弹出广告,是以一个小弹出框的形式展现给用户,如图 5-3 所示。

图 5-1　IBM 网页广告

图 5-2　按钮广告

图 5-3　插页广告

3. 分类广告(名录广告)

分类广告是指按照一定的类别以目录的形式表现出来的广告。很多门户网站都提供此类服务。这些门户网站按照自己的方式进行类别划分。用户登录门户网站就可以在页面上看到企业或者网站的名称,如图5-4所示。

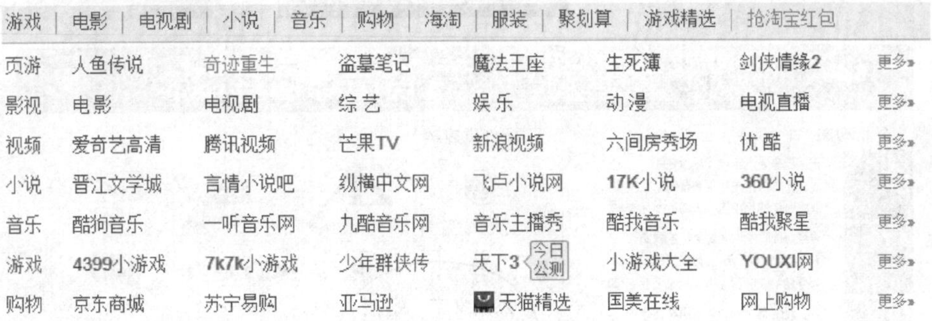

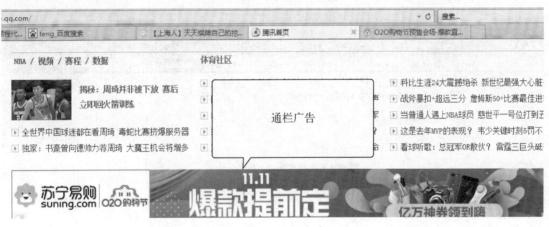

图 5-4 分类广告

4. 通栏广告

通栏广告视觉冲击力强,能吸引浏览者的注意力,通常出现在首页以及各频道的中间显著位置,广告面积较大,能够较好地展示广告信息,规格一般相当于两条横幅广告的大小,如图5-5所示。

图 5-5 通栏广告

5. 文本链接广告

文本链接广告是给文字设计超级链接,用户点击就会进入链接页面。文本链接广告一般不超过10个汉字,发布在首页、重点频道首页的推荐位置。文本链接广告一般是以文字标题形式,附以超链接,靠吸引人的标题吸引用户点击,然后链接到指定页面,如图5-6所示。

6. 电子邮件广告

电子邮件广告是指通过电子邮件的形式向客户发送广告内容。企业利用电子邮件,在邮件中通过文字、图片、链接等形式向用户传达企业和产品的信息,进行营销推广,如图5-7所示。

图5-6　文本连接广告

图5-7　电子邮件广告

7. 关键字广告

关键字广告是搜索引擎营销的主要内容。关键字广告是用户在搜索引擎中输入某关键词进行查询时,出现在查询结果页面的广告。广告形式有搜索页面右侧的广告和搜索排名的竞价广告,如图5-8所示。

图 5-8　关键字广告

【任务评价】

- 自我评价

主　要　内　容	自我评价等级(在符合的情况下面打"√")			
	全都做到了	大部分(80%)做到了	基本(60%)做到了	没做到
熟悉网络广告的基本概念				
理解网络广告的主要特点				
了解网络广告的主要类型				
自我总结　我的优势　我的不足　我的努力目标　我的具体措施				

- 小组评价

主　要　内　容	小组评价等级(在符合的情况下面打"√")			
	全都做到了	大部分(80%)做到了	基本(60%)做到了	没做到
熟悉网络广告的基本概念				
理解网络广告的主要特点				
了解网络广告的主要类型				
建议　组长签名：				年　月　日

● 教师评价

主 要 内 容	教师评价等级(在符合的情况下面打"√")			
	优 秀	良 好	合 格	不合格
熟悉网络广告的基本概念				
理解网络广告的主要特点				
了解网络广告的主要类型				

评语　　教师签名:　　　　　　　　　　　　　　　　　　年　月　日

【拓展活动】

选择一个网络平台,分析该平台所使用的广告类型。

任务二　　了解网络广告的实施

【任务描述】

　　网络广告呈现形式丰富多彩。企业在广告投放时需综合考虑网络媒体所具有的传播主体多元化、虚拟化、跨区域等特性,选择适合企业自身的广告。同时,网络广告的实施是一个系统的工作,每一个环节和步骤都需要紧密联系、协调进行。在本任务中,我们将了解几种网络广告的测量定价模式和网络广告的实施过程。

【任务实施】

一、 网络广告的测量与定价模式

1. CPC

CPC(Cost Per Click),按点击计费。如图 5-9 网页中关于有道词典的一篇软文广告。

图 5-9　软文广告

如果用户只是浏览，没有点击，就不会产生任何广告费用；如果用户点击该广告，进入到该软文广告详情页面，那么本次点击就产生了广告费用，广告主就需要给该网站支付相应的广告费用，如图5-10所示。

有道词典发布Linux版本，实现主流平台全覆盖

2015年04月21日 12:23 网易科技报道

有道词典发布Linux版本，实现主流平台全覆盖

日前，网易有道联合Deepin（武汉深之度科技有限公司）发布有道词典Linux版，专门针对Linux用户的专业需求与使用习惯进行设计，满足Linux用户的语言翻译需求。

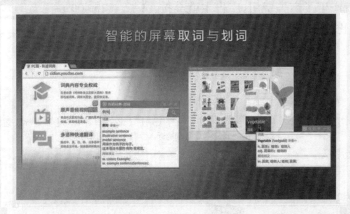

用户在使用Linux系统的过程中，无论英文单词和段落分布在网络文本上还是图片里，用户都可以通过有道词典的屏幕取词与划词功能，精准地实现翻译。对于Linux用户来说，这是前所未有的革新式体验。

有道词典完整收录了《柯林斯英汉双解大词典》、《21世纪大英汉词典》、《新汉英大辞典》和《现代汉语大词典》等多部专业权威词典，同时还集成日、韩、法多语种专业词典，实现精准互译。有道词典还收录了大量来自外文影视作品、广播的原声例句，地道权威的发音，配合详尽细致的单词介绍，帮助用户系统学习英语。

图5-10　广告浏览

2. CPS

CPS(Cost Per Sale),按销售计费。有时候客户点击进入商品页面,浏览后并没有购买,那么这就是无效的广告。CPS 就是广告主为了避免无效广告,按照广告点击之后产生的实际销售金额付给广告站点销售提成费用。通常 CPS 广告点击之后就会进入到商品购买页面。

如图 5-11 网页中的这款女鞋广告,点击该广告,就会进入到购买页面。

如果用户只是浏览该商品,并没有进行购买,那么就不会产生广告费用;如果用户付款购买了这款商品,那么就产生了广告费用,广告主就会按照销售额的一定比例向投放网站支付广告费用,如图 5-12 所示。

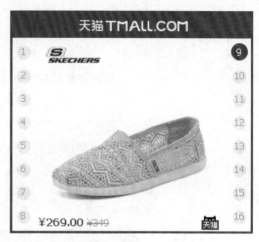

图 5-11 天猫广告

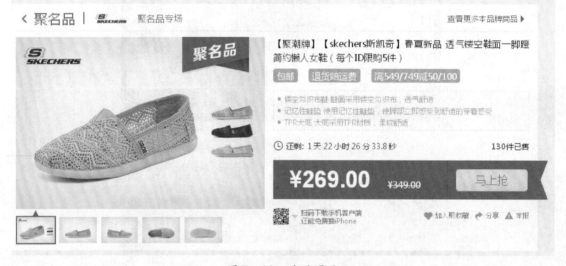

图 5-12 购买页面

3. CPM

CPM(Cost Per Mille),每千人成本,即广告显示 1 000 次所应付的费用。它所反映的定价原则是,按显示次数给广告定价。

例如,某游戏在一家资讯网站上投放了 CPM 弹窗广告,在以 24 个小时 1 000 个唯一弹出窗口 IP 为准,即当用户访问会员站点的时候,会员站点自动将广告主的指定宣传页面弹出来,如图 5-13 所示。

4. CPA

CPA(Cost Per Action),计价方式是指按广告投放实际效果,即按回应的有效问卷或订单来计费,而不限广告投放量。如图 5-14 页面中的"陆金所"广告。

点击广告图片,进入到会员注册页面。如果用户只是点击进入,并没有进行注册,那么就不会产生广告费用;如果用户点击进入注册页面,并完成注册,那么就产生了广告费用,

图 5-13 弹窗广告

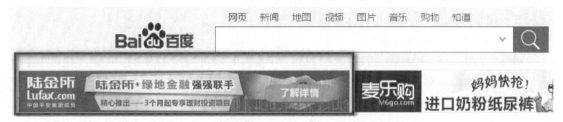

图 5-14 陆金所广告

广告主就需要向投放网站支付广告费用,如图 5-15
所示。

二、 网络广告的实施管理过程

网络营销推广就是要把产品用适当的方式,尽可能
多地推送给目标客户。网络广告是网络营销推广的主
要手段,其实施和管理是企业一项重要的营销推广活动。
网络广告的实施管理过程包括六个步骤,如图 5-16
所示。

图 5-16 网络广告的实施管理过程

图 5-15 会员注册

1. 确定网络广告目的

企业在开展一项营销推广活动之前,都会明确该项活动的目标,这样活动才会更好地围绕
目标而进行。网络广告的目标与企业的经营战略息息相关,它建立在有关的目标市场、市场定
位,以及营销组合计划的基础之上,通过对市场竞争状况充分的调查分析,确定网络广告的

目标。

企业在不同发展时期有不同的广告目标,通常可以分为以下几种:

(1)建立品牌认知或偏好

这类广告对销售的影响是间接的,重点在于强调产品情感和功能利益,测量其成功的指标是广告在提高客户对品牌的认知、回忆和偏好上的影响。

(2)促使客户即时购买

这类广告重点在于价格优惠和促销活动上,如优惠券、抽奖和赠品等,测量其成功的指标是销量的提高与否。

(3)刺激客户交互行为

促使客户与企业互动,对客户互动的测量指标有:点击率、注册数量和请求信息的数量。

无论选择哪个目标(组合),针对每一个网络广告,都要能清晰地描述出来。具有清晰传播目标的广告是执行网络广告的关键。很多网络公司失败的一个主要原因就是其在广告成本上投入过多,而忽视了传播策略和目标的确定。

2. 识别网络广告的目标受众

网络广告的目标受众是指广告的投放客户,他们的数量、性别、年龄、消费习惯、阅读偏好、上网习惯等都会对网络广告的发布站点、内容、发布形式产生影响,企业在制作广告之前需要对现有的和潜在的目标受众进行深入调研,并且根据目标受众的特点制作、投放广告。

此外,在开展网络广告活动过程中,企业也可以对竞争对手的广告进行分析,取其所长、补己之短,争取更多的目标受众,获得竞争优势。

3. 确定网络广告的预算

与传统广告一样,做网络广告也需要提前制定广告预算,广告预算是网络广告得以顺利进行的保证。目前国际上通用的网络广告计费模式有 CPC、CPM、CPA、CPS 几种,不同的广告价格差异较大,企业可以参照自身的广告预算、广告形式、广告目标、经营策略等因素来选择网络广告的计费模式,从而制定出恰当的广告预算。

4. 制定网络广告媒体计划

(1)选择合适的网络媒体

网络媒体的选择需要考虑下面七个要素:

① 目标受众。网络媒体需要和企业的目标受众吻合,这样才可以达到推广目的,节约推广成本。

② 内容配合。企业与网络媒体的内容合作,可大大提升网民对产品的认知,但应有效地避免用户对广告的排斥,否则会引起用户的反感。例如在育儿类网站上做啤酒广告肯定没有在饮料类网站上做广告的效果好。因此,网站内容的可配合度关系到内容合作的可操作性。

③ 创意表现。广告的创意则能快速吸引消费者的注意力,吸引消费者主动去了解企业的产品,这样就会增加广告点击量。

④ 绿色环境。一个绿色、安全的网络媒体环境也很重要。如果一个网络媒体上全是恶意插件广告,那么用户的体验度就会降低,用户数量也会减少。所以企业在选择媒体时,也要事先了解该媒体的网络环境怎么样。

⑤ 技术力量。网络媒体的服务器越稳定,用户的浏览体验也会越好,例如有的网站服务器不稳定,那么浏览量一旦超过一定数值,页面就会崩溃。

⑥ 营销策划服务。大部分网络媒体都提供营销策划服务,企业在选择网络媒体时需要考虑网络媒体的营销策划服务。专业的营销策划可以帮助企业有效地进行广告投放和推广,合理分配预算,有效降低推广成本。

⑦ 第三方广告监测系统。网络广告实施过程中的检测数据可以准确地告诉企业广告实施的效果,包括点击量、浏览量、页面停留时间、购买量等。通常,对广告实施检测是由第三方机构来进行的,第三方机构的公正性十分重要。

(2)网络广告投放网站类型

① 搜索引擎网站。搜索引擎营销,比如百度推广、Google 推广已经被广大企业所认同,成为中国最大的网络营销媒体。

② 电子商务网站。经过 10 多年的高速发展,电子商务网站也成为广告主,尤其是网商青睐的广告投放平台。其中,拥有百万卖家、上亿买家的淘宝网成为电子商务领域网络广告营收的最大平台。

③ 综合门户网站。综合门户网站,例如新浪、搜狐、腾讯、网易等。

④ 垂直、专业类网站。垂直、专业类网站指专注于某一行业或领域的网站,比如娱乐、IT、体育、装修等,这些网站的内容比较集中,只针对某一具体领域的用户。在这类网站投放的广告也比较有针对性,目标受众较明确。典型的垂直、专业类网站有视频网站、汽车网站(如图 5-17 所示)、房产网站等。

图 5-17 汽车之家

(3)网络广告的发布渠道选择

① 自主发布。即企业自己发布广告。其方式主要有两种:第一种是在大型媒体网站发布广告。企业和一些大型媒体网站取得联系,按要求制作和发布广告。第二种是利用网站联盟与广告交易平台到中小网站发布广告。

② 寻找代理发布。现在有很多专门的代理商提供广告策划、制作、发布服务,企业可以找

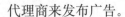

代理商来发布广告。

5. 网络广告制作

网络广告制作是指企业根据广告目的、产品特征、市场竞争等信息进行宣传广告设计、制作的过程。

网络广告制作的首要原则是具有创意,抓住消费者眼球,吸引他们点击,这样才能实现广告的目的。

（1）网络广告的创意原则

网络广告的创意需要遵循以下几点原则:

① 目标性原则。网络广告的目标必须与企业的营销目标相一致,偏离目标不但不会带来预期的收益,可能还会让消费者产生误解。

② 关注性原则。要能吸引消费者的眼球,如果消费者不关注,那么广告就无法发挥效用。

③ 简洁性原则。广告设计简单明了,使客户容易读懂广告所传递的信息。

④ 互动性原则。互联网技术可以设计互动性的广告,让消费者参与广告活动,以调动他们对产品的兴趣。

⑤ 多样性原则。网络广告表现形式具有多样的创意,随着 Web2.0 网站的出现,广告创意更应该多样化,这样才能充分利用网络的优势来达到更好的效果。

⑥ 精确性原则。把企业广告投放给目标客户群而不是普遍撒网。

（2）网络广告的创意方法

① 提炼主题。每个广告都要有一个主题,围绕主题才能开展后面的设计。

② 了解用户诉求。从用户的角度思考,了解用户的诉求。

③ 要有亲和力。在广告中树立一种具有亲和力的品牌形象,降低消费者的抵触心理。

④ 营造浓郁的文化氛围。在广告创意中加入文化氛围,既易于受众接受,又能起到很好的效果。

⑤ 利益诱惑。宣传产品的高性价比,吸引消费者点击。

⑥ 其他方法。如使用鲜明的色彩,使用动画,经常变换图片等。

6. 网络广告效果评估

广告投放以后有没有效果,这是广告主最关心的问题。网络广告效果评估可以通过以下几种方式进行:

（1）统计软件/统计网站

使用专门的统计软件,统计广告的执行效果,或者请专门的统计网站来进行统计。

（2）客户反馈

通过企业最终的客户购买量来评价广告是否取得预期的效果。

（3）第三方评估机构

通过第三方评估机构,对广告实施过程中和实施后给企业带来的效益进行评估。

【任务评价】

● 自我评价

主　要　内　容	自我评价等级(在符合的情况下面打"√")			
	全都做到了	大部分(80%)做到了	基本(60%)做到了	没做到
熟悉网络广告的测量定价				
理解网络广告实施六步骤				
了解网络广告管理的内容				
自我总结　我的优势				
我的不足				
我的努力目标				
我的具体措施				

● 小组评价

主　要　内　容	小组评价等级(在符合的情况下面打"√")			
	全都做到了	大部分(80%)做到了	基本(60%)做到了	没做到
熟悉网络广告的测量定价				
理解网络广告实施六步骤				
了解网络广告管理的内容				

建议

　　组长签名：　　　　　　　　　　　　　　　　　　　　　　年　月　日

● 教师评价

主　要　内　容	教师评价等级(在符合的情况下面打"√")			
	优　秀	良　好	合　格	不合格
熟悉网络广告的测量定价				
理解网络广告实施六步骤				
了解网络广告管理的内容				

评语

　　教师签名：　　　　　　　　　　　　　　　　　　　　　　年　月　日

· 大众汽车广告案例分析 ·

图 5-18 大众汽车广告

广告表现形式：弹出式广告。用户打开网站会有很多网络广告在网站页面上，但是客户很少在大量繁杂的广告中主动去选择广告，一汽大众的弹出式广告可以从一众网页广告中脱颖而出，吸引客户的目光。

广告设计：一汽大众平面广告鲜明的黑、银、灰相结合的颜色与弹出式广告形式特点相结合更能凸显出一汽大众品牌全新迈腾 V6 旗舰版的视觉形象，网络浏览者在繁杂的信息中一眼就看到了一汽大众的广告画面。画面中霸气的汽车图片大幅提升全新迈腾的豪华感，所体现出来的低调的奢华气质与全新迈腾所要展现的理念更是浑然天成，凸显了其全新璀璨上市的亮点。

媒体选择：腾讯 QQ 自弹式资讯面板。腾讯 QQ 用户多，广告覆盖面大。

广告效果评价：一汽大众的弹出式广告，以其"弹"的运动形式，吸引了受众的眼球，在吸引网民关注度方面要远远高于其他静态的图像广告和文字广告，但是弹出式广告，因为是自动弹出，所以带有强制性植入的性质，很多网民对这种弹出式广告的霸道形式感到很厌烦，所以受众的抵触情绪也会高于普通广告。

任务三 了解网站联盟

【任务描述】

随着互联网市场的发展，其市场竞争也愈发激烈。在激烈的市场竞争下，很多新的经济形式应运而生,网站联盟就是从网络广告衍生出的一项服务。在本任务中,我们将学习网站联盟的概念、运作模式以及运作流程。

【任务实施】

一、网站联盟的含义

网站联盟,又指网络联盟营销,是一种广告发布形式。网络主在网络联盟上领取广告发布在自己的网站上,只要有用户登录网络主的网站并产生广告行为(如点击广告、注册会员、实现购买等),网络主就可以从广告主那里获得相应的佣金。

网站联盟就是通过联盟平台,将大量的广告主和网站主联合起来,实现资源共享、利益互通的一种营销模式。

二、网站联盟的营销要素

联盟营销包括三要素:广告主、联盟会员和联盟营销平台。

① 广告主。想要发布广告的企业,需要先注册为网络联盟的会员,再把广告信息发布在联盟平台上。

② 联盟会员。领取广告的小网站主,在网络联盟上领取广告链接,把广告发布在自己网站上,有用户在网站上产生广告行为,就可以获得佣金。

③ 联盟营销平台。第三方联盟平台,供广告主和网站主交易。

三、网站联盟运作流程

有时候企业想要推广自己的产品,但是又缺乏途径和方法,这时候就可以找网站联盟,网站联盟会帮助企业进行广告制作,并将广告发布在联盟平台上,这样联盟会员网站就可以把广告发布在自己的网站上,有用户点击广告,产生广告行为,网站主就可以获得广告主的费用,如图 5-19 所示。

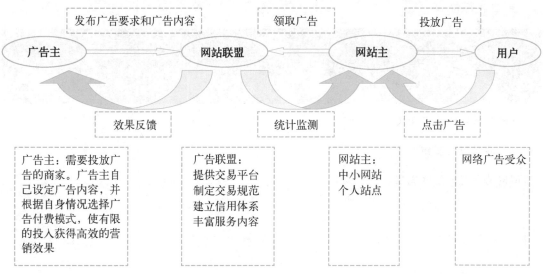

图 5-19　网站联盟

【项目拓展】

携程分销联盟

2011年9月1日携程分销联盟正式成立,它是基于携程网的一个网站联盟平台,提供"酒店"、"机票"、"度假"、"酒店团购"、"携程游票(礼品卡)"五类产品的推广服务。网站会员可以在网站上选择适合自己网站的广告,领取广告链接,把广告投放在自己网站页面上,一旦有用户点击广告,产生广告行为,网站就可以获益,如图5-20所示。

图5-20 携程网站联盟

 【任务评价】

● 自我评价

主 要 内 容	自我评价等级(在符合的情况下面打"√")			
	全都做到了	大部分(80%)做到了	基本(60%)做到了	没做到
熟悉网站联盟的基本含义				
理解网站联盟的营销要素				
了解网站联盟的运作流程				
自我总结 我的优势 我的不足 我的努力目标 我的具体措施				

● 小组评价

主 要 内 容	小组评价等级(在符合的情况下面打"√")			
	全都做到了	大部分(80%)做到了	基本(60%)做到了	没做到
熟悉网站联盟的基本含义				
理解网站联盟的营销要素				
了解网站联盟的运作流程				

建议

    组长签名：   年 月 日

● 教师评价

主 要 内 容	教师评价等级(在符合的情况下面打"√")			
	优 秀	良 好	合 格	不合格
熟悉网站联盟的基本含义				
理解网站联盟的营销要素				
了解网站联盟的运作流程				

评语

    教师签名：   年 月 日

【拓展活动】

    选择一家真实企业,为该企业设计一条网络广告。根据所学知识,列出广告内容、形式和实施步骤。

························ ·项目小结与评价· ························

※ 项目小结

    与传统的广告形式相比,网络广告具有很多优势:样式灵活、速度快、可互动、传播范围广,是企业网络营销的主要方式。在"互联网+"的发展环境中,不仅电商企业采用网络广告,很多传统企业也开始采用网络广告。在本项目中,我们了解了网络广告的内涵、表现形式、实施过程和投放方式,为我们以后开展网络广告提供了帮助。

※ 项目评价

● 自我评价

主 要 内 容	自我评价等级(在符合的情况下面打"√")			
	全都做到了	大部分(80%)做到了	基本(60%)做到了	没做到
熟悉网络广告的主要类型				
理解网络广告的实施过程				
了解网站联盟的运作流程				

自我总结	我的优势
	我的不足
	我的努力目标
	我的具体措施

● 小组评价

主 要 内 容	小组评价等级(在符合的情况下面打"√")			
	全都做到了	大部分(80%)做到了	基本(60%)做到了	没做到
熟悉网络广告的主要类型				
理解网络广告的实施过程				
了解网站联盟的运作流程				

建议

　　组长签名：　　　　　　　　　　　　　　　　　　　年　月　日

● 教师评价

主 要 内 容	教师评价等级(在符合的情况下面打"√")			
	优 秀	良 好	合 格	不合格
熟悉网络广告的主要类型				
理解网络广告的实施过程				
了解网站联盟的运作流程				

评语

　　教师签名：　　　　　　　　　　　　　　　　　　　年　月　日

·项 目 练 习·

一、单选题

1. 下列哪项是网络广告的特点？（　　　）

A. 交互性　　　　　B. 同时性　　　　　C. 关联性　　　　　D. 异地性

2. 下列哪项不属于网络广告？（　　　）

A. 电视广告　　　　B. 网页广告　　　　C. 链接广告　　　　D. 文本广告

3. 下列哪一项是 CPC 的计费模式？（　　　）

A. 按销量计费　　　B. 按时间计费　　　C. 按点击计费　　　D. 按播放计费

4. 网站联盟本质上是一种什么广告计费方式？（　　　）

A. 按效果计费　　　B. 按播放计费　　　C. 按点击计费　　　D. 按销量计费

5. 网站联盟组成要素不包括（　　　）。

A. 广告主　　　　　B. 联盟会员　　　　C. 网站联盟平台　　D. 广告效果评估方

6. 网络广告的实施管理过程的第一步是（　　　）。

A. 确定广告目的　　　　　　　　　　　B. 广告内容制作

C. 广告投放媒体选择　　　　　　　　　D. 广告效果评估

二、多选题

1. 下列哪几项是网络广告的特点？（　　　）

A. 交互性　　　　　B. 实时性　　　　　C. 灵活性　　　　　D. 网络虚拟

2. 下列哪几项属于网络广告的类型？（　　　）

A. 主页广告　　　　B. 旗帜广告　　　　C. 插页广告　　　　D. 分类广告

3. 网络广告测量定价模式有（　　　）。

A. CPC　　　　　　B. CPA　　　　　　C. CPM　　　　　　D. CPS

4. 网站联盟由哪几个要素组成？（　　　）

A. 广告主　　　　　　　　　　　　　　B. 联盟会员

C. 网络广告评估方　　　　　　　　　　D. 网站联盟平台

三、判断题

1. 电子杂志广告属于网络广告的一种。　　　　　　　　　　　　　（　　　）

2. 企业只可以采用一种网络广告的计费模式。　　　　　　　　　　（　　　）

3. CPA 是指按销量计费。　　　　　　　　　　　　　　　　　　　（　　　）

4. 广告主是网站联盟的组成要素。　　　　　　　　　　　　　　　（　　　）

5. 旗帜广告是网络广告的一种类型。　　　　　　　　　　　　　　（　　　）

项目六　活动促销营销

项目导读

打折、抽奖、团购、赠品……生活中我们经常可以看到商家采取的各种促销活动。活动促销与广告营销相比,活动促销的收效更快、力度更大,能快速地吸引消费者的眼球。企业通过举办活动的方式来向消费者传递企业的促销信息,是企业在激烈的市场竞争中谋求发展的一种方式,对消费者来说也可以以更低的价格买到心仪的商品。

在本项目中,我们将学习什么是活动促销以及如何对不同活跃度的客户进行促销。

项目学习目标

1. 了解活动促销的基本知识;
2. 学习客户活跃度划分;
3. 了解几种常见的客户活跃度分类;
4. 学习对不同活跃度的客户进行精准营销。

项目任务分解

1. 了解活动促销;
2. 学习根据客户活跃度进行营销。

任务一　了解活动促销

【任务描述】

走上街头,你会发现很多店家打出了各种促销广告,比如节假日大促销、新品折扣、买一赠一等活动。与这种情形相同,网上店铺也会经常举办各种促销活动来吸引消费者,在本任务中,我们将学习企业的线上活动促销。

【任务实施】

一、活动促销的含义及分类

1. 活动促销的含义

活动促销是指企业借助特定的活动来传播产品和品牌形象,从而吸引消费者购买的实效促销策略。

2. 活动促销的分类

活动促销的主要类型包括让利优惠、发布会、商品展示会、娱乐与游戏、制造事件等。

（1）让利优惠

企业通过举办让利优惠活动，吸引客户消费购买，从而达到促进销售的目的。常见的让利优惠活动有打折、团购、赠品、包邮、优惠券等。

（2）发布会

企业以召开发布会的方式向消费者传递企业促销信息，吸引消费者购买。

（3）商品展示会

企业通过举办商品展示会，向参会者介绍企业的商品信息，吸引消费者购买。举办展示会不仅能够促进销售，还可以促进与消费者的沟通。

（4）娱乐与游戏

企业举办一些游戏和娱乐活动，通过富有趣味性和娱乐性的活动来吸引客户参与。活动的设计必须和企业促销主题相符合，不能偏离。例如某文化公司举办歌唱比赛，体育运动品销售企业举办体育竞技，婴幼儿用品企业举办的亲子游戏等。

（5）制造事件

即事件营销，企业通过制造一定的社会热点事件，吸引公众注意，并以新闻炒作来达到促销目的。"事件促销"可以借助对公众事件的关注，引起客户的注意力，调动客户对事件相关产品或服务的兴趣，刺激客户购买。

二、活动促销的实施步骤

消费品的促销活动一般从终端销售氛围的营造、媒体宣传的告知、促销活动主题的设计、人员的组织管理等几个方面系统开展。

1. 终端销售氛围的营造

据数据统计，65%的消费者会因为消费环境的变化而产生购买行为。终端销售氛围包括产品包装、货架摆放、门店环境等，企业需要让自己的终端销售氛围尽可能地给消费者心目中留下深刻的印象，这样才会引起消费者的关注。

终端销售氛围的营造可以从广告宣传、门店装修布置、人员等多方面进行，把终端销售氛围纳入企业经营考核的项目之一。

2. 媒体宣传的告知

活动前的宣传告知非常重要，很多促销活动得不到预期效果很大一部分是因为前期的宣传不到位，目标客户根本不知道企业的促销活动信息，更不要说参与活动了。促销活动的开展必须结合宣传推广，使目标客户知道活动信息，吸引客户参与活动进行购买。

宣传推广可以是传统媒体的广告，例如电视广告、杂志广告、报纸广告、广播广告等；也可以是网络广告，例如网页广告、邮件广告、多媒体广告等。

3. 促销活动主题的设计

促销活动一方面是为了促进企业产品的销售，另一方面还是为了向客户宣传企业的品牌、产品、文化等。首先，活动主题要有吸引力，能吸引消费者关注；其次，活动主题的设计要简洁明了，方便消费者记忆；最后，活动主题要富有创意，给消费者留下深刻印象。

主题促销活动主要有三种：

① 以产品为主题的促销活动；

② 以季节特点为主题的促销活动；

③ 结合特定节假日的促销活动。

主题促销活动绝不是简单的买赠、特价、路演等活动形式，而是围绕活动主题这个活动灵魂来体现出品牌的诉求和定位、消费者的利益。

4. 人员组织管理

人员是活动顺利开展的关键因素，一个活动方案再好，如果没有恰当的人员来实施，那么活动也不会获得预期的效果。

活动开展前，企业需要对人员进行组织、培训和监控。人员组织是为了明确活动开展的人员需求，并划分、确定每个人的职责；培训可以帮助员工具备活动背景、产品特点、促销技巧等方面的知识，便于他们能够高效地参与活动实施；监控是为了保证活动顺利开展进行的一系列措施，包括活动监督、考勤制度、评价制度和奖惩制度。

5. 活动监测

对活动进行监测能保证活动的高效开展，监测主要包括对活动进行的监督、数据报表的分析、人员奖惩实施等。

三、 团购活动促销

1. 团购活动促销的含义和优点

团购就是团体购物，是一种典型的活动促销方式。在日常生活中，经常几个人一起购买，就会向卖家讲价，想要以更优惠的价格买到想要的商品，这就是"团购"出现的原因。在网络消费中，商家把团购商品发布在网站上，以低于平时零售价的价格大量出售，一些认识的、不认识的网友都可以通过网络平台进行团购，从而获得更优惠的价格。

图 6-1 团购

对企业来说，一场成功的团购活动可以为企业带来诸多好处：

（1）直接销售利益

举行团购活动，只有在参团人数达到企业设置的开团人数才会开团，一般成交率都能在80％以上，团购销售能为企业带来大量的商品销售利润。

（2）品牌推广

企业举办团购活动给出的价格通常都会比一般的销售价格低，在低价诱惑下，很多消费者都会关注此次团购活动，并了解企业或商品的详细信息，就算消费者最终没有参团，企业也达到了其品牌推广的目的。

（3）规模化销售

商家举办的团购活动一般是针对某一具体商品的，而参团的消费者越多，该商品的销售规模就越大。虽然团购价格较低，但是企业规模成本会随着参团人数的增加而降低，最终获得规模化销售利益。

2. 团购活动的创建

小刘是一家网上商城的推广人员。2015年4月，该商城打算在网站上对"东方骆驼立领夹克外套"新推出的商品进行一次活动推广,于是企业需要小刘在网站上创建一个针对该商品的团购活动。下面是小刘的活动创建过程。

(1)创建活动

登录商城网站管理后台。点击"营销",选择"团购活动列表",如图6-2所示。

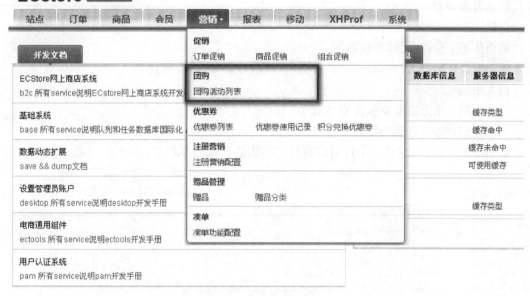

图6-2　创建团购活动

点击"添加团购活动",如图6-3所示。

图6-3　添加团购活动

119

（2）设置活动内容

团购商品：点击下拉菜单，选择"东方骆驼立领夹克外套"商品。

团购时间：活动开始时间"2015－4－18"，活动结束时间"2015－4－20"

初始销售量：1 500

活动最少数量：5 000

活动最多数量：10 000

价格：99

邮费优惠：选择"无邮费优惠"

活动对象：选择"普通会员"、"黄金会员"、"白金会员"、"特殊贵宾"

每人限购：2

活动说明：东方骆驼立领夹克外套

活动开启状态：选择"开启"

最后点击"保存"，这样一个针对该商品的团购活动就创办好了，如图6－4所示。

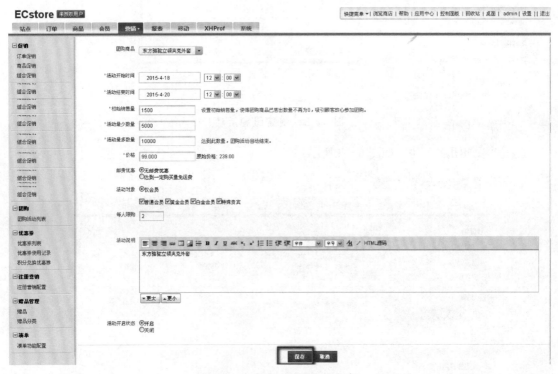

图6－4　编辑团购活动内容

（3）查看活动

点击"团购活动列表"，就可以看到之前创建的对"东方骆驼立领夹克外套"商品的团购活动，如图6－5所示。

点击活动链接，也可以在商城页面看到该活动的详细商品介绍页面，如图6－6所示。

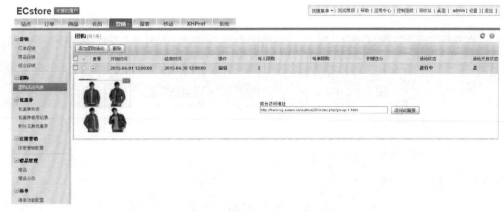

图 6-5　查看团购活动

图 6-6　团购活动

【任务评价】

- 自我评价

主　要　内　容	自我评价等级(在符合的情况下面打"√")			
	全都做到了	大部分(80%)做到了	基本(60%)做到了	没做到
熟悉活动促销的含义和分类				
理解活动促销的实施步骤				
了解团购活动的创建过程				
自我总结　我的优势 我的不足 我的努力目标 我的具体措施				

● 小组评价

主 要 内 容	小组评价等级(在符合的情况下面打"√")			
	全都做到了	大部分(80%)做到了	基本(60%)做到了	没做到
熟悉活动促销的含义和分类				
理解活动促销的实施步骤				
了解团购活动的创建过程				

建议

　　组长签名：　　　　　　　　　　　　　　　　　年　月　日

● 教师评价

主 要 内 容	教师评价等级(在符合的情况下面打"√")			
	优 秀	良 好	合 格	不合格
熟悉活动促销的含义和分类				
理解活动促销的实施步骤				
了解团购活动的创建过程				

评语

　　教师签名：　　　　　　　　　　　　　　　　　年　月　日

 【拓展活动】

以真实企业为例,分析其活动促销的创新点。

任务二　学习根据客户活跃度进行营销

【任务描述】

　　不同消费者具有不同的活跃度,活跃度越高对企业的贡献也越大。企业在举办营销活动时,也需要对客户活跃度进行分类,根据不同的活跃度分类进行不同的营销活动。本任务中我们将学习如何对客户活跃度进行分类,并根据不同的分类对客户进行营销。

【任务实施】

一、 客户活跃度与 RFM 分析

客户活跃度是指客户购买行为的活跃程度。通常用 RFM 模型来衡量企业客户活跃度和利润贡献能力。在 RFM 模型中，R——Recency：最近一次购买记录距当前时间的天数；F——Frequency：一段时间内的消费次数；M——Monetary：一段时间内的消费金额。RFM 是衡量客户活跃度和价值的重要指标。

经过研究发现：R 值越小，用户越有可能消费；R 值越大，用户已长时间不来消费了。F 值越大，用户越有可能消费；F 值越小，用户消费频率降低。M 值越大，用户消费金额越高；M 值越小，用户购买金额越少。

RFM 模型在客户的活跃度衡量中非常重要，通过对这三项数值的考量，企业可以知道用户的购买行为特征，进而改进企业的营销。

二、 客户活跃度的分类方法

RFM 分析是企业客户价值等级分析，通过统计、分析客户的最后购买时间、成功单数、成功平均订单价三项数据。CRM 系统中的 RFM 分析可以帮助企业进行客户分类，把客户按照价值进行分类，使企业更加清晰地了解客户的价值，从而根据客户价值等级进行精准营销。

小明是一家电子商务销售企业的营销人员，2015 年 5 月，公司打算进行一项针对不同价值客户的精准营销活动，进行该项活动就需要把企业所有客户进行价值等级的分类，这样就可以针对每一个价值等级的客户进行营销。进行该项活动就需要获得客户价值等级数据，于是小明接到了上级交给他的工作任务：按照等级设置规则表内容把客户进行价值等级分类，并收集每个等级客户的相关数据。

① 小明登录 CRM 系统，点击"销售报表"，选择"RFM 分析"，如图 6-7 所示。

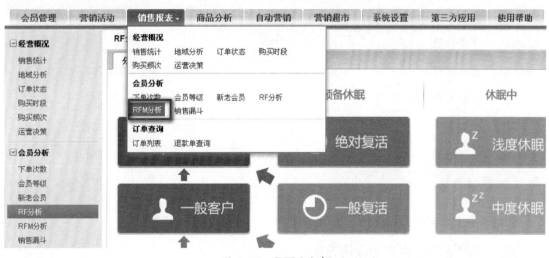

图 6-7　RFM 分析

② 在 RFM 分析中，点击"参数设置"，小明按照任务单中的数值填写数值：最后购买时间分割范围"90"、成功的单数分割范围"3"、成功平均订单价分割范围"300"，如图 6-8 所示。

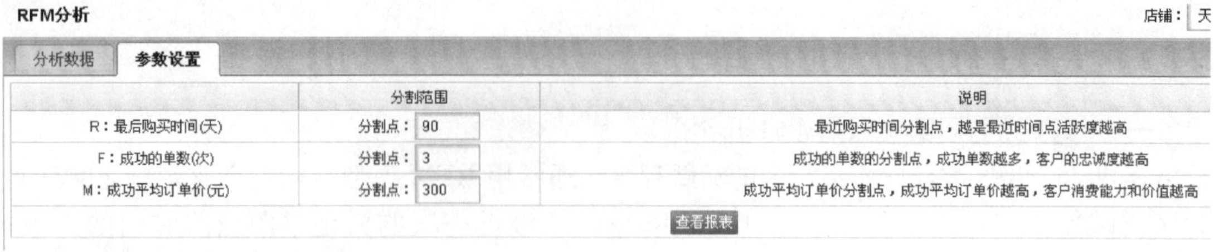

图 6-8　RFM 数值设置

③ 设置好之后点击"查看报表",如图 6-9 所示。

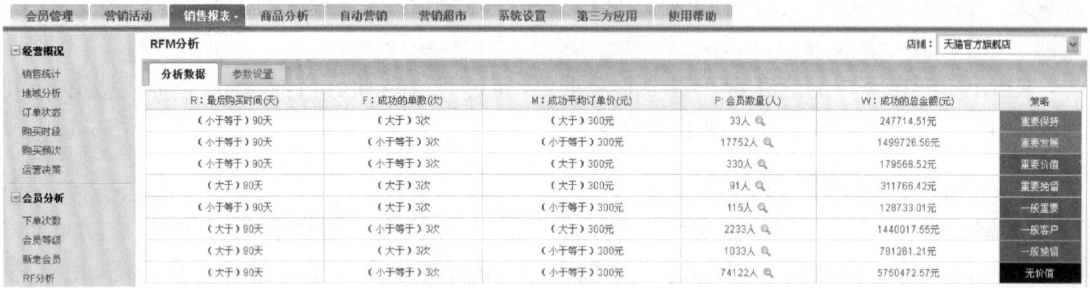

图 6-9　查看报表

小明从 RFM 数据分析图中可以统计得出以下客户价值数据表。

客户价值等级分类		
价值　　项目	会员数量(人)	成功的总金额(元)
重要保持	33	247 714.51
重要发展	17 752	1 499 726.56
重要价值	330	179 568.52
重要挽留	91	311 766.42
一般重要	115	128 733.01
一般客户	2 233	1 440 017.55
一般挽留	1 033	781 261.21
无价值	74 122	5 750 472.57

于是小明把得到的数据交给了上级主管。

三、　不同活跃度客户的促销方法

不同活跃度的客户对企业的价值不同,给客户进行活跃度分类,进行有针对性的营销可以大大提高客户的价值。根据参数设置,企业可将所有客户分为 8 种不同的价值客户,重要保持、重要发展、重要价值、重要挽留、一般重要、一般挽留、一般客户和无价值客户。其中重要价值、重要发展、重要保持和重要挽留客户是企业的四类主要价值客户。

1. 重要价值客户

特征：这类客户主要是指一些购买的平均订单价较高的客户，这类客户一般是具有一定消费能力、消费频次稳定的客户，这类客户的消费价值较高。

促销方法：① 精准推荐；② 新品介绍。

> **案例 6-1：**
> 　　某美妆电子商务企业对其客户进行活跃度划分后，对重要价值客户制定了相应的营销策略：通过邮件和短信的方式，定期向这部分客户有针对性地介绍一些国际品牌的高端化妆品和企业新推出的中高档新品。

2. 重要发展客户

特征：这类客户，是在近期内有过购买记录，但是购买金额和购买单数都不高的客户。一般来说，这部分客户是企业新客户，新客户可能会变为老客户，也可能流失。新客户的购买行为和购买心理都需要企业进一步强化。此时，企业一般都会向这类客户实行满就送、搭配套餐优惠等推广手段，这种推广有利于增加客户的购买频次和购买金额，并且提升客户的忠诚度。

促销方法：① 赠品；② 包邮；③ 优惠券；④ 搭配套餐优惠。

> **案例 6-2：**
> 　　某美妆电子商务企业对其客户进行活跃度划分后，对重要发展客户发送短信：亲爱的客户您好，本月内购买商品订单满 100 元，就可以获赠一件价值 30 元的精美礼品一份，赶快抢购吧！

3. 重要保持客户

特征：这类客户购买频次高、平均订单价高，是购买行为活跃的客户，那么这类客户就需要企业进行重要保持。面对这类客户，企业一般会给予购买特权或者称为 VIP 客户，该类客户在企业中消费时，企业就会给其一些其他普通客户所没有的优惠和特权，例如购买折扣、优先购买、优先发货、优质的服务等，企业的这些行为会强化客户特权心理，从而加强客户的忠诚度，使之为企业提供更多、更持久的价值。

促销方法：① 会员资格；② 优惠折扣；③ 优先购买；④ 优先发货；⑤ 附加服务。

> **案例 6-3：**
> 　　某美妆电子商务企业对其客户进行活跃度划分后，对重要保持客户制定营销策略：赠送 VIP 资格，并告知 VIP 客户可以享有所有订单优先发货、换货包邮、优先购买的特权。

4. 重要挽留客户

特征：这类客户的平均客单价和平均订单价都较高，但是这类客户已经有一段时间没有来企业进行消费了，那么企业就需要采取一定的推广手段对这部分客户进行消费唤醒,吸引和提醒这部分客户到企业来进行再次消费。例如给予这部分客户发送限时优惠券、发送一些限时优惠或者限时抢购的商品信息,这些活动都旨在挽留客户进行再次消费。

促销方法:① 发送限时优惠券;② 发送限时抢购商品信息。

案例 6-4:

某美妆电子商务企业对其客户进行活跃度划分后,对重要挽留客户发送营销短信:亲,好久不见,现送给您一张限时 3 天的 50 元优惠券,快来选购吧!

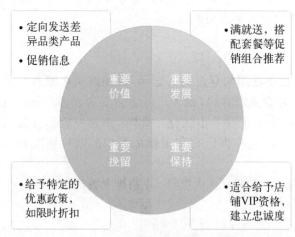

图 6-10 客户活跃度分类

 【任务评价】

● 自我评价

主 要 内 容	自我评价等级(在符合的情况下面打"√")			
	全都做到了	大部分(80%)做到了	基本(60%)做到了	没做到
熟悉 RFM 分析的指标设置				
理解客户活跃度分类方法				
了解根据活跃度营销方法				
自我总结　我的优势				
我的不足				
我的努力目标				
我的具体措施				

- 小组评价

主　要　内　容	小组评价等级(在符合的情况下面打"√")			
	全都做到了	大部分(80%)做到了	基本(60%)做到了	没做到
熟悉 RFM 分析的指标设置				
理解客户活跃度分类方法				
了解根据活跃度营销方法				

建议

　　组长签名：　　　　　　　　　　　　　　　　　　　年　月　日

- 教师评价

主　要　内　容	教师评价等级(在符合的情况下面打"√")			
	优　秀	良　好	合　格	不合格
熟悉 RFM 分析的指标设置				
理解客户活跃度分类方法				
了解根据活跃度营销方法				

评语

　　教师签名：　　　　　　　　　　　　　　　　　　　年　月　日

【拓展活动】

为某企业设计一项活动促销。

·项目小结与评价·

※ 项目小结

　　活动促销是一种常见的企业营销方式,通过一些打折、团购、满赠等活动,企业可在短期内吸引较大的客流量、促进销售、提升业绩、增加收益。

　　在本项目中,我们了解了活动促销和对不同活跃度的客户进行营销,活动促销的成功与否不仅仅和活动内容的设计有关,还与活动的对象有关,不同的客户活跃度,应该采用不同的营销方式。

※ 项目评价

● 自我评价

主 要 内 容	自我评价等级(在符合的情况下面打"√")			
	全都做到了	大部分(80%)做到了	基本(60%)做到了	没做到
了解活动促销的基本含义				
理解活动促销的实施步骤				
熟悉客户活跃度促销方法				

自我总结	我的优势
	我的不足
	我的努力目标
	我的具体措施

● 小组评价

主 要 内 容	小组评价等级(在符合的情况下面打"√")			
	全都做到了	大部分(80%)做到了	基本(60%)做到了	没做到
了解活动促销的基本含义				
理解活动促销的实施步骤				
熟悉客户活跃度促销方法				

建议

　　组长签名：　　　　　　　　　　　　　　　　　　　年　月　日

● 教师评价

主 要 内 容	教师评价等级(在符合的情况下面打"√")			
	优 秀	良 好	合 格	不合格
了解活动促销的基本含义				
理解活动促销的实施步骤				
熟悉客户活跃度促销方法				

评语

　　教师签名：　　　　　　　　　　　　　　　　　　　年　月　日

·项 目 练 习·

一、单选题

1. 打折属于什么活动促销？（   ）
A. 让利优惠　　　B. 新品发布会　　　C. 抽奖活动　　　D. 团购活动

2. 客户活跃度可以通过哪项工具来分析？（   ）
A. RFM　　　B. LBS　　　C. SOLOMO　　　D. WAP

3. RFM 中的"F"指（   ）。
A. 消费频率　　　B. 消费金额　　　C. 消费时间　　　D. 消费次数

4. 客户活跃度分类主要有几类客户？（   ）
A. 5　　　B. 8　　　C. 6　　　D. 4

5. 对重要价值客户可以（   ）。
A. 精准推荐　　　B. 消费提醒　　　C. 短信关怀　　　D. 促销信息

二、多选题

1. 下列哪几项属于活动促销的分类？（   ）
A. 商品展示会　　　B. 新闻发布会　　　C. 互动游戏　　　D. 让利优惠

2. 主题促销活动有哪几种？（   ）
A. 以产品为主题的促销活动　　　B. 以季节特点为主题的促销活动
C. 结合特定节假日的促销活动　　　D. 结合价格的促销活动

3. RFM 是指哪三个数据？（   ）
A. 消费近度　　　B. 消费金额　　　C. 消费频率　　　D. 消费商品

4. 企业有哪几类主要客户？（   ）
A. 重要价值客户　　　B. 重要保持客户　　　C. 重要发展客户　　　D. 重要挽留客户

5. 对主要保持客户可以进行什么营销活动？（   ）
A. 给予会员资格　　　B. 优惠折扣　　　C. 优先购买　　　D. 优先发货

三、判断题

1. RFM 是指客户活跃度分析工具。　　　　　　　　　　　　　　（   ）

2. RFM 中的 R 是指消费频率。　　　　　　　　　　　　　　　（   ）

3. RFM 值中 M 越小代表消费者特定时间的消费金额越高。　　　（   ）

4. 对于重要发展客户的营销策略可以是赠送赠品和优惠券。　　　（   ）

5. 企业对重要价值客户的营销策略是赠与限时优惠券。　　　　　（   ）

项目七 会员数据营销

项目导读

在信息时代,会员数据成为企业巨大的价值来源。企业通过数据分析、系统管理,建立会员与企业互通互联的关系,而会员则通过企业给予的各种关怀和营销活动,实现最佳的购物体验。以前由于数据收集技术及应用的限制阻碍了会员营销的发展,现在计算机技术的发展为会员营销的实现提供了有利的条件。在本任务中我们将了解什么是会员营销,以及针对会员的三种营销方式:邮件营销、节日营销、地区营销。

项目学习目标

1. 了解会员的基本知识;
2. 了解常用的会员营销方法。

项目任务分解

1. 了解会员营销;
2. 了解会员邮件营销;
3. 学习节日营销;
4. 学习地区营销。

任务一 了解会员营销

【任务描述】

我们每一个人可能是多个企业的会员,例如超市会员、电影院会员、KTV会员、饭店会员、服装店会员等,这些企业通过向我们发放会员卡或者登记会员信息,使我们成为它的会员。建立会员关系,对企业来说是一种重要的营销方式。本任务中,我们将了解什么是会员营销。

【任务实施】

一、会员营销的含义

会员营销又称俱乐部营销,是指企业通过建立会员制度,为会员提供某些利益或服务。最常见的会员营销是设置会员积分和会员等级,通过积分和等级,给会员提供针对性服务。

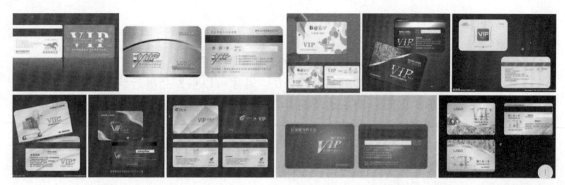

图 7-1　会员营销

会员营销的优点：

① 培养忠实顾客，提高企业的竞争力。企业通过一定的会员等级及优惠条件设置，对客户进行营销和服务。会员营销是一个长期的过程，一旦客户习惯于使用企业的产品和服务，对企业满意，那么就会成为企业的忠诚客户，忠诚客户是企业的高价值客户。

② 稳定老顾客，开发新顾客。会员制设置可维系企业的老客户，尤其是高价值客户；同时吸引新客户加入，成为企业的会员。

③ 促进企业与顾客双向交流。企业通常会定期给会员发送优惠信息，对会员进行有针对性的营销。有些企业还会举办会员活动，促进企业与会员的交流。

二、 会员营销的特点

① 会员制。企业的会员制度，包括会员资格、会员优惠、会员管理等。

② 资格限制。规定什么样的消费者能成为企业的会员，例如年消费额达到 300 元、一次性购买 3 件以上等条件。

③ 自愿性。消费者是否成为会员需要双方的自愿，企业不能强迫消费者加入，消费者也不能强行加入。

④ 契约性。会员关系一旦确立，就具有一定的契约性，违反契约需要承担相应后果。

⑤ 目的性。企业进行会员营销的目的决定了企业采取的具体措施、活动持续时间、活动力度等。

⑥ 结构性关系。企业和会员之间，会员与会员之间的结构性关系。这种关系不仅仅是买卖关系，还是一种伙伴关系、情感关系，这些关系是竞争对手无法轻易获得的。

三、 会员营销的功能

会员营销具备以下常见功能：

① 社交功能。企业的会员之间可以相互联系、交流。

② 娱乐功能。企业可以举办一些娱乐活动，吸引其会员参与。

③ 心理功能。会员制管理可以给消费者一种归属感和安全感，满足消费者的心理需求。

④ 力量功能。会员整体的力量大于个人的力量。

四、 会员营销的方法

据统计，企业 80% 的营业额来源于只占客户总量 20% 的老会员。对老会员的维护成本远远低于新会员的开发成本，会员是企业的价值之源。企业在不断开发新会员的同时，也需要做好对老会员的维护。建立一套完善的会员管理体系对于企业发展尤为重要。

建立会员体系,做好会员营销可以从以下几点着手:

1. 多维度细分会员等级

每个人都是独立的个体,各不相同。企业的会员也存在着消费习惯、消费特点等方面的不同,所以,在建立会员关系的第一步就是细分会员。商家可以根据会员近期是否到店消费、消费的交易额、交易量等多个维度,对店铺所拥有的会员进行筛选,挑选出店铺的忠诚会员。

2. 区分等级,设置专享优惠

设置会员等级,对不同等级的会员设置不同的营销策略和优惠条件,培养用户的会员意识,鼓励现有会员升级会员等级,从而享受更优服务。

3. 后期追踪对策,及时修正

会员关系的维护要做到有始有终,在对会员进行区别营销后,还需要对会员的后期消费行为进行追踪和数据收集分析,这样才能得知会员营销活动的效果,会员在接受优惠券后到底有没有购买,如果没有购买,还需要进一步分析客户没有购买的原因,及时修正。

案例 7 - 1: 一茶一坐的会员营销

截至 2014 年,一茶一坐在全国有接近 100 家连锁店,会员大概有 90 万。作为传统餐饮行业中的一员,一茶一坐能够获得如此多的会员,并建立大量的客户群,诀窍就在于它的会员营销。

图 7 - 2　一茶一坐

一茶一坐一开始采用会员营销时,结果并不如意,简单的会员卡制、单一的会员等级制使会员营销进度缓慢。2012 年一茶一坐使用了 CRM 系统,开始会员信息的全面化、准确化、实时性管理,这使得会员数量得到大量提升。

2014 年,一茶一坐开始对会员进行常态营销,比如忠诚营销、沉睡唤醒等,在常态营销外,还开展了大量的营销活动,如微信秒杀、爆点营销、连环营销等,这些会员活动的举办吸引了大量的新会员加入,增加了会员的活跃度,提高了会员的满意度,同时极大地维护了客户忠诚度。

【任务评价】

- 自我评价

主 要 内 容	自我评价等级（在符合的情况下面打"√"）			
	全都做到了	大部分（80%）做到了	基本（60%）做到了	没做到
熟悉会员营销的基本含义				
理解会员营销的主要功能				
了解会员营销的常见方法				
自我总结　　我的优势　　我的不足　　我的努力目标　　我的具体措施				

- 小组评价

主 要 内 容	小组评价等级（在符合的情况下面打"√"）			
	全都做到了	大部分（80%）做到了	基本（60%）做到了	没做到
熟悉会员营销的基本含义				
理解会员营销的主要功能				
了解会员营销的常见方法				

建议

　　组长签名：　　　　　　　　　　　　　　　　　　　　年　月　日

- 教师评价

主 要 内 容	教师评价等级（在符合的情况下面打"√"）			
	优　秀	良　好	合　格	不合格
熟悉会员营销的基本含义				
理解会员营销的主要功能				
了解会员营销的常见方法				

评语

　　教师签名：　　　　　　　　　　　　　　　　　　　　年　月　日

任务二　了解会员邮件营销

【任务描述】

邮件营销具有成本相对低廉、有效保存时间长、实时性好、表现形式多样等特点。通过邮件可以将营销信息直接传达给会员,便于会员直接访问店铺购买,具有很多其他方式不可比拟的优势。在本任务中,我们将学习如何通过邮件对会员进行营销。

【任务实施】

一、许可 E-mail 营销与垃圾邮件

1. 许可 E-mail 营销

许可式电子邮件营销,也叫许可 E-mail 营销,是指用户主动要求企业发邮件及相关信息给他。凡是用户没有主动要求接收邮件的都不是许可式电子邮件营销。

最常见的用户要求接收邮件的方式是在网站上填写注册表格、订阅电子杂志。

2. 垃圾邮件

与许可式电子邮件相对应的就是垃圾邮件,也就是指用户没有主动要求寄发的邮件。在实践中,垃圾邮件的判定标准主要有三条:

① 没有获得收件人允许。

② 邮件内容主要是商业推广,向客户推销产品。

③ 对接收者造成打扰。

3. 许可 E-mail 营销的必要条件

许可 E-mail 营销必须具备下面的几个必要条件:

① 发送方获得了接收方的允许。

② 用户可以选择接收,也可以选择不接收。

③ 企业对用户的邮箱地址保密,不会泄露给第三方。

④ 符合客户的信息需要,不发送和客户无关的信息。

二、许可 E-mail 营销的特点

许可 E-mail 营销与传统营销相比的优势有以下几项:

1. 成本低廉

许可 E-mail 营销只要有邮件服务器就可进行,发送成本非常低,现在网上还有很多免费的电子邮箱服务。

2. 快速

电子邮件是借助互联网进行传输的,信息传输速度非常快,客户收到邮件后直接点击邮件就可以进入到购买页面,有时企业发送邮件后几小时之内就会看到效果,产生订单。

3. 精准

企业营销邮件列表里面的客户要么是在企业已经进行过购买的客户,要么是有意向购买

的客户。相对于垃圾邮件的盲目群发,企业在开展许可 E-mail 营销时会筛选和企业相关联且顾客感兴趣的产品进行有针对性的发送。

三、许可 E-mail 营销的模式

综合营销手段、提供服务的内容和与顾客的关系等因素进行分析,许可 E-mail 营销主要有下列六种模式:

1. 顾客关系 E-mail

维护客户关系而发送的邮件,例如过年过节、客户生日时给客户发送的祝福邮件。

2. 企业新闻邮件

向客户发送的企业活动信息、新产品信息邮件。

3. 提醒服务/定制提醒邮件

企业收集客户的一些特殊纪念日(如生日、结婚纪念日等),并在当天发送邮件,及时地向客户送上一份问候。提醒服务邮件会让客户感觉到企业的温馨。

4. 伙伴联合营销

企业可以和其他企业合作,然后以合作伙伴的名义发送信息给合作企业的客户。例如,豆瓣阅读可以向它的客户发送这样一封电子邮件:"亲爱的豆瓣图书阅读者,为了感谢您长期以来对我们网站的支持,我们特向您推荐一个阅读平台——微信公众号豆瓣阅读。"

5. 许可邮件列表

许可邮件列表,在很大程度上可以说就是目标客户列表。它是用户自愿加入的邮件列表,而不是从网上或其他途径搜寻到的邮件地址列表。

6. 传播营销邮件

在传统营销中,"找朋友"的口碑营销方式应用非常广泛,电商企业使用电子邮件转发功能可以轻松实现传播营销。通过鼓励客户进行转发来实现口碑营销。

四、许可 E-mail 营销的实施步骤

许可 E-mail 营销的实施步骤包括以下几步:

1. 确定许可 E-mail 策略目标

确定许可 E-mail 营销策略目标是营销实施的第一步,并将此作为后续工作的指引,以及效果评价的标准。

2. 架设 E-mail 服务器

E-mail 服务器是企业开展许可 E-mail 的必要条件,拥有功能齐全、运行可靠的 E-mail 服务器可以为大量许可 E-mail 的高效发送、接收提供良好可靠的硬件支撑。

3. 顾客 E-mail 地址管理

当 E-mail 服务器架设完成之后,企业需要获取和管理客户的 E-mail 地址。邮件地址的获取可以通过收集客户的注册信息,也可以通过让客户主动填写地址信息。收集到邮件地址信息后,可以通过数据等软件对地址信息进行管理,方便企业进行营销。

4. 设计制作邮件内容

企业 E-mail 的制作需要经过选题、内容编辑、版式设计、文字校对等环节。内容设计的良好与否直接影响最终的营销效果。邮件主题吸引人、内容设计精美才会吸引客户进行购买。

【拓展活动】

设计一封 E-mail 营销邮件。

【任务评价】

● 自我评价

主 要 内 容	自我评价等级(在符合的情况下面打"√")			
	全都做到了	大部分(80%)做到了	基本(60%)做到了	没做到
熟悉许可邮件营销的特点				
理解许可邮件营销的模式				
了解许可邮件营销的步骤				
自我总结 我的优势 我的不足 我的努力目标 我的具体措施				

● 小组评价

主 要 内 容	小组评价等级(在符合的情况下面打"√")			
	全都做到了	大部分(80%)做到了	基本(60%)做到了	没做到
熟悉许可邮件营销的特点				
理解许可邮件营销的模式				
了解许可邮件营销的步骤				

建议

组长签名: 年 月 日

● 教师评价

主 要 内 容	教师评价等级(在符合的情况下面打"√")			
	优 秀	良 好	合 格	不合格
熟悉许可邮件营销的特点				
理解许可邮件营销的模式				
了解许可邮件营销的步骤				

评语

教师签名: 年 月 日

任务三　学习节日营销

【任务描述】

在过节时,很多人都喜欢消费购物,给自己和家人购买一些商品。对于商家们来说,节日意味着商机。那么如何做好节日营销?节日营销技巧有哪些?在本任务中,我们将学习如何进行节日营销。

【任务实施】

一、节日营销的含义

节日营销是指在特定节假日进行的营销活动。节日营销一般是针对某个节日开展的,具有很强的营销特点。节日营销需要企业把产品的特殊性与节日特点相结合,创新产品形象、配合广告宣传、活动促销,吸引消费者购买。

例如,某手机品牌企业在国庆期间推出了一款新产品,借助国庆这个节日特点,举办了国庆新品抽奖活动,采用送优惠券、现场抽奖等方式,同时还制造公关事件为新品活动造势,如请明星来活动现场互动、爱心回馈社会等。

二、节日营销的要点

1. 明确目标

定好营销目标,企业才能根据目标制定接下来的一系列计划。例如,春节是中国人的传统节日,春节放假期间大家都喜欢去消费购物,企业根据节日特性和消费者追求实惠、喜庆的消费心理,推出了春节优惠券、春节特惠、春节大礼包等营销措施,如图7-3所示。

图7-3　节日营销(1)

2. 突出促销主题

好的促销主题能快速抓住消费者的眼球,因此,节日的促销主题设计有几个基本要求:

① 有冲击力。有冲击力的营销主题才易于被消费者记住,比如:双12一折秒杀活动。

② 有吸引力。营销主题要对消费者有吸引力,例如优惠吸引力、广告视觉吸引力。

③ 主题词简短易记。

例如,春节期间,很多酒店推出的年夜饭促销活动,大部分都以"合家欢"、"全家福"为促销主题,符合产品的特点和春节吃团圆饭的习俗,如图7-4所示。

3. 关注促销形式

常见的促销形式有打折、买赠、积分、抽奖等。尽管促销形式大同小异,但是企业可以通过设计一些创新和创意,吸引客户参与。

例如,某家电销售企业在元宵节举办了"元宵找灯"活动。该企业进行两种促销形式的组合:抽奖和折扣。抽奖中设置5个奖项,分别是感谢参与、保温杯、煮蛋器、豆浆机、电饭锅,抽中豆浆机和电饭锅的可以按五折优惠购买,其他产品免费,如图7-5所示。

图7-4 节日营销(2)

图7-5 节日营销(3)

4. 把产品卖点节日化

节日一般都伴有相应的节日传统和特点。企业举办节假日营销,需要把产品的卖点融入节日的特点,推出符合消费者消费需求、消费习惯的产品。

例如,某白酒生产企业在端午节推出了景芝"小酒壶"系列产品,既符合端午节喝酒的习俗,其包装上又做到了别具一格,既是一件艺术品,又是件别致的酒具,如图7-6所示。

5. 促销方案要科学

做好节日营销,需要企业提前做好充分的营销准备,制定科学的营销方案。

① 差异促销,让消费者心动。在节假日,满大街都是"买

图7-6 节日营销(4)

一送一"、"全场特价"等促销宣传,活动雷同,消费者也失去了兴趣。企业可以采用一些有创意的营销策略,例如"限时折扣"、"第一件8折、第二件7折、第三件6折"这样的营销来吸引消费者。

② 互动营销,让消费者更加了解商品。互动营销可以提高消费者的消费体验感,让消费者参与到产品销售的多个环节,吸引消费者参与购买,例如有奖调研、互动游戏等。

6. 对促销活动的设计

促销活动的设计需结合节日特点和企业特点。企业应努力独辟蹊径,突出自身的优势和卖点,如图7-7所示。

例如,在春节期间,虽然很多人喜欢出门旅行、逛街、消费,但是还有很多人愿意在家里度过。信息销售商家就瞄准了这个时机,为那些不愿意出门、喜欢在家消费的人提供信息服务,例如电影点播、付费阅读、网上购物等为消费者提供全面的服务。

图7-7　促销

三、节日营销实施

某企业打算在国庆节推出一项网站国庆促销活动,对价格敏感的客户进行打折促销活动,通过节日降价促销吸引这部分客户消费。以下是具体操作步骤:

① 点击"营销超市——节日营销",如图7-8所示。

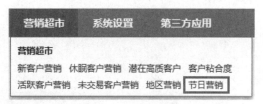

图7-8　节日营销

② 选择10月份——国庆节活动(对价格敏感的客户),点击"一键营销",如图7-9所示。

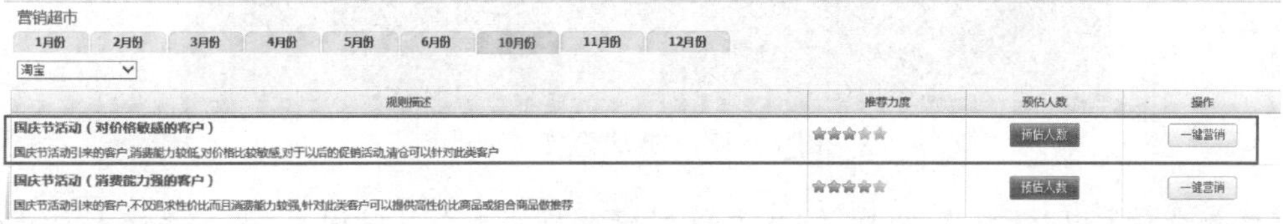

图7-9　选择客户组

③ 编辑营销短信内容,点击"发送",如图7-10所示。

图7-10　编辑营销内容

④ 发送成功,如图 7-11 所示。

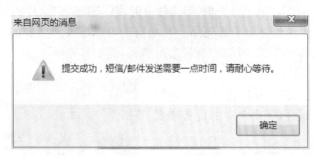

图 7-11　短信发送成功

【拓展阅读】

奥迪汽车的节日营销

图 7-12　奥迪汽车广告

【案例背景】以"情人节"为背景,从春节到情人节的半个月时间里,很多年轻人喜欢信息分享,企业通过创建一个有趣的分享机制,借助微信等社会化媒体平台进行二次传播。

【营销目标】通过移动转发引发全民关注,通过不同的事件吸引不同消费者的关注,提升奥迪的品牌价值,加深品牌印象,突出品牌活力。

【目标受众】Q3:18—35 岁,月收入 5 000 以上,注重时尚和驾驶乐趣的消费者。A6L:25—50 岁,月收入 8 000 元以上,注重商务和家用两方面兼顾的消费者。

【执行时间】2014 年 2 月 1 日到 2 月 14 日。

【创意表达】借助春节消费者归家或返程的迫切心情,在奥迪微信公共账号发起奥迪 A6L "马"上送您到家的互动活动,为用户提供免费回家接送服务。在网友之间传递社会正能量送出温暖。在春节期间,利用人们习惯在春节相互传递祝福的习惯,推出奥迪 Q3 新春 DIY 贺卡活动,用户可以任意选择编辑卡片内容将祝福传递给好友。在情人节期间,奥迪 Q3 在微信平台推出"为爱而拼"的互动活动,用户通过集图的形式,并在朋友圈进行发布,即可获得定制情人节大奖。

【传播策略】在春节期间,利用节日实效性在微信端展开营销,同时结合线下资源,用户在线上参与互动可获得线下奥迪A6L提供的接送服务,在参与活动的过程中实际体验产品力。奥迪Q3新春DIY贺卡活动卡片带有刮刮卡互动,以奖励机制鼓励网友互动。

图7-13　奥迪发起的活动

【执行过程】

奥迪A6L 马上到家	• 春节放假回家和返程高峰期间,借用户关心出行、注重"温暖"的话题,A6L推出"马上送你到家"活动。用户在线参与互动答题,即可获得中奖机会。 • 互动答题:随机出现两道题,一道体现车型卖点、一道宣传金融政策。 • 奖品设置:通过A6L接/送机服务,让用户体验试乘同时,体现奥迪的用户关怀;另外除了加油卡等奖品,还使用金融礼包作为奖品,让100%的参与用户了解金融政策。
奥迪Q3 新春祝福 贺卡	• 在用户送祝福最集中的除夕至初三期间,奥迪Q3推出"定制新春祝福贺卡"活动。用户在线参与刮刮卡,赢取新春大礼包的同时,还可以选择奥迪Q3新春贺卡在微信中为朋友送去"定制祝福"。 • 创意:在春节期间,利用人们习惯在春节相互传递祝福的习惯,推出奥迪Q3新春DIY贺卡活动,用户可以任意选择编辑卡片内容将祝福传递给好友,同时卡片带有刮刮卡互动,以奖励机制鼓励网友互动。
奥迪Q3 为爱而拼, 喜迎情人节	• 奥迪Q3推出"为爱而拼"活动,用户在线参与九宫格拼图,即有机会得到2月14日当日的"私人定制"浪漫大礼。

【活动亮点】潮流：活动及网站的每一步操作都紧跟时尚潮流，使用摇一摇及微信拼图开展用户互动。创新：拼出来是九宫格——一辆潮流座驾奥迪Q3，点开每一张图，却又是Q3带来的惊喜与潮流的详解。

【效果总结】

奥迪A6L 马上到家
- 消息推送超过 915 万人次，内容阅读人数超过 837 575 次；其中 9 069 人分享图文消息，302 369 人次进入网站，181 908 人参与活动。

奥迪 Q3 新春祝福贺卡
- 覆盖微信 87 000 名用户的同时，通过微信大号将消息推送给 3 779 837 粉丝，图文页阅读人数达到了 386 893 人，转发人数为 13 675 人；其中 227 854 人次进入网站，189 873 人保存并拼图。

奥迪 Q3 为爱而拼， 喜迎情人节
- 覆盖微信 87 000 名用户的同时，通过微信大号将消息推送给 5 696 275 粉丝，图文页阅读人数达到了 637 809 人，转发人数为 15 427 人；其中 317 290 人次进入网站，235 968 人参与刮奖，贺卡分享数为 192 902 次。

 【拓展活动】

请为某企业或产品设计中秋节营销方案。

【任务评价】

- 自我评价

主 要 内 容	自我评价等级(在符合的情况下面打"√")			
	全都做到了	大部分(80%)做到了	基本(60%)做到了	没做到
熟悉节日营销的基本含义				
理解节日营销的主要要点				
了解节日营销的常见方法				
自我总结　我的优势 我的不足 我的努力目标 我的具体措施				

● 小组评价

主　要　内　容	小组评价等级(在符合的情况下面打"√")			
	全都做到了	大部分(80%)做到了	基本(60%)做到了	没做到
熟悉节日营销的基本含义				
理解节日营销的主要要点				
了解节日营销的常见方法				

建议

　　组长签名：　　　　　　　　　　　　　　　　　　　年　月　日

● 教师评价

主　要　内　容	教师评价等级(在符合的情况下面打"√")			
	优　秀	良　好	合　格	不合格
熟悉节日营销的基本含义				
理解节日营销的主要要点				
了解节日营销的常见方法				

评语

　　教师签名：　　　　　　　　　　　　　　　　　　　年　月　日

任务四　学习地区营销

【任务描述】

　　在企业的营销过程中,有时候需要对某个地区或区域进行营销策划,分析地区市场竞争、文化环境、消费习惯、消费偏好等因素,从而制定与地区特点相符合的营销策略。地区营销是企业一项重要的营销策略。在本任务中,我们将了解地区营销的概念,并学习如何进行地区营销。

【任务实施】

一、地区营销的定义

地区营销是指企业针对某一地域,结合该地域的特点进行的营销活动。

地区营销具有以下特点:

① 更经济:地区营销是针对某一区域的区域特点而进行的精确营销,针对性更高,这样

避免了盲目性和大众性给企业带来的高成本,以更少的成本投入实现大量的传播。

② 更抢眼:符合特点区域消费群体审美的广告,更能抓住该区域消费者眼球。

③ 更有效:地区营销是针对特定区域消费者的,企业广告、服务、产品等能够更直接和快捷地送达目标人群。

④ 更可控:可控的区域投放资源,按区域目标组合使用。

二、地区分析

1. 市场分析

企业进入一个市场或地区前,需要对地区的经济发展、市场准入、政策限制进行分析研究,为企业进入做好准备。

一般情况下,企业进入一个市场或地区,肯定会给当地其他企业带来竞争压力,当地企业肯定会进行排斥和试压。分析地区市场竞争,可以帮助企业了解该区域的市场结构、市场发展,以制定出适合该区域的发展策略。

2. 文化分析

每个地区都有自己独特的人文环境,企业在进入某地区市场前需要对地区的文化、人们的消费习惯、消费偏好进行分析,为进入市场做好充分准备。文化分析需要避免和地区文化出现冲突,例如产品的名称、颜色、包装等,都要避免和当地文化产生冲突,让人们误解。

例如,新疆地区人民的生活习惯和上海地区人民的生活习惯不一样,上海的企业要想在新疆进行销售,必须考虑新疆人民的消费习惯、信仰禁忌,否则企业将无法在该地区持续经营。

三、地区营销实施

某企业打算对企业近3个月网站活跃度较低但购买力较强的江浙沪客户进行营销,通过限时降价促销吸引这部分客户消费。

以下是具体操作步骤:

① 点击"营销超市——地区营销",如图7-14所示。

图7-14　地区营销

② 选择"江浙沪地区——近3个月活跃度较低但购买能力较强的客户",点击"一键营销",如图7-15所示。

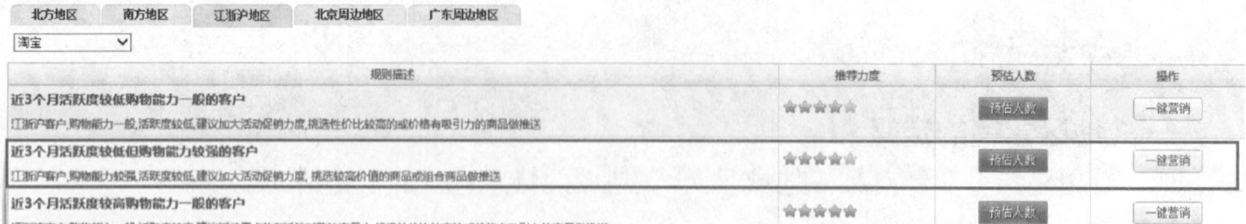

图7-15　选择客户组

③ 编辑营销短信内容,点击"发送",如图 7-16 所示。

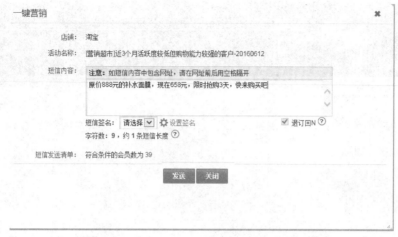

图 7-16　编辑营销内容

④ 发送成功,如图 7-17 所示。

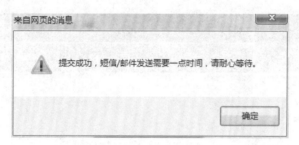

图 7-17　短信发送成功

【任务评价】

● 自我评价

主　要　内　容	自我评价等级(在符合的情况下面打"√")			
	全都做到了	大部分(80%)做到了	基本(60%)做到了	没做到
熟悉地区营销的基本含义				
理解地区营销的主要要点				
了解地区营销的常见方法				
自我总结　我的优势 我的不足 我的努力目标 我的具体措施				

● 小组评价

主　要　内　容	小组评价等级(在符合的情况下面打"√")			
	全都做到了	大部分(80%)做到了	基本(60%)做到了	没做到
熟悉地区营销的基本含义				
理解地区营销的主要要点				
了解地区营销的常见方法				

建议

　　组长签名：　　　　　　　　　　　　　　　　　　　年　月　日

● 教师评价

主　要　内　容	教师评价等级(在符合的情况下面打"√")			
	优　秀	良　好	合　格	不合格
熟悉地区营销的基本含义				
理解地区营销的主要要点				
了解地区营销的常见方法				

评语

　　教师签名：　　　　　　　　　　　　　　　　　　　年　月　日

【拓展活动】

　　选择一个地区,通过调查了解该地区的特点,为该地区设计一个营销活动。

·············· · 项目小结与评价 · ··············

※ 项目小结

　　随着网络营销的发展,精准营销的理念也越来越被更多的企业采用,会员营销不仅可以维护企业的客户关系,还可以根据会员数据分析来对客户进行精准营销,提高企业营销的效率和效益。客户营销有很多方式和方法,在本项目中,我们了解了会员营销的内涵以及会员营销的几种方式:邮件营销、节日营销和地区营销。邮件营销是借助电子邮件列表对客户进行营销;节日营销和地区营销则需要根据具体的客户群特点进行精准营销。

※ 项目评价

- 自我评价

主 要 内 容	自我评价等级(在符合的情况下面打"√")			
	全都做到了	大部分(80%)做到了	基本(60%)做到了	没做到
熟悉会员营销的概念和方法				
理解会员邮件营销的方法				
了解节日营销和地区营销				
自我总结　我的优势　我的不足　我的努力目标　我的具体措施				

- 小组评价

主 要 内 容	小组评价等级(在符合的情况下面打"√")			
	全都做到了	大部分(80%)做到了	基本(60%)做到了	没做到
熟悉会员营销的概念和方法				
理解会员邮件营销的方法				
了解节日营销和地区营销				

建议

　　组长签名：　　　　　　　　　　　　　　　　　　　　　年　月　日

- 教师评价

主 要 内 容	教师评价等级(在符合的情况下面打"√")			
	优　秀	良　好	合　格	不合格
熟悉会员营销的概念和方法				
理解会员邮件营销的方法				
了解节日营销和地区营销				

评语

　　教师签名：　　　　　　　　　　　　　　　　　　　　　年　月　日

·项目练习·

一、单选题

1. 会员营销又称（　　）。

A. 会员资格　　　　B. 俱乐部营销　　　C. 会员制　　　　　D. 积分制

2. 会员营销的第一步是（　　）。

A. 实现积分　　　　　　　　　　　B. 建立会员制度

C. 多维度细分会员等级　　　　　　D. 会员等级优惠设置

3. 许可 E-mail 营销的第一要义是（　　）。

A. 邮件内容　　　　B. 用户信息　　　　C. 用户许可　　　D. 用户邮箱地址

4. 实施许可 E-mail 营销的第一步是（　　）。

A. 明确策略目标　　B. 突出主题　　　　C. 选择方式　　　D. 活动设计

5. 下列哪一项是会员营销的特点？（　　）

A. 会员制　　　　　B. 用户许可　　　　C. 用户细分　　　D. 多品牌战略

二、多选题

1. 下列哪几项是会员营销的优势？（　　）

A. 培养客户忠诚度　　　　　　　　B. 吸引新客户

C. 企业与客户双向交流　　　　　　D. 客户购买商品

2. 下列哪几项属于会员营销的特点？（　　）

A. 目的性　　　　　B. 契约性　　　　　C. 自愿性　　　　D. 资格限制

3. 会员营销的功能有（　　）。

A. 社交功能　　　　B. 娱乐功能　　　　C. 力量功能　　　D. 心理功能

4. 会员营销方法有（　　）。

A. 区分会员等级　　　　　　　　　B. 设置等级优惠

C. 追踪对策及时修正　　　　　　　D. 会员消费

5. 下列哪几项是节日营销的要点？（　　）

A. 明确目标　　　　　　　　　　　B. 产品卖点节日化

C. 突出主题　　　　　　　　　　　D. 促销方案设计要科学

三、判断题

1. 会员营销又叫俱乐部营销。（　　）

2. 会员营销不需要设置会员等级。（　　）

3. 积分制是会员营销的功能。（　　）

4. 节日营销是针对某个节日进行的。（　　）

5. 母亲节促销属于地区营销。（　　）

项目八 移动新媒体营销

项目导读

新媒体营销是指利用新媒体平台进行营销的模式。在 Web2.0 带来巨大革新的年代,营销思维也带来巨大改变,移动技术与新媒体的结合又给我们的消费和生活带来了巨大的改变,体验(experience)、沟通性(communicate)、差异性(variation)、创造性(creativity)、关联性(relation),成为新兴营销模式的特征和内在要求。在本项目中,将介绍移动营销的概念以及 SoLoMo 营销、移动 App 营销、二维码营销这三种具有代表性的移动新媒体营销方式。

项目学习目标

1. 了解移动营销的基本知识;
2. 理解 SoLoMo 营销的含义;
3. 了解常用的几种移动营销方法。

项目任务分解

1. 了解移动营销;
2. 了解 SoLoMo 营销概念、商业模式;
3. 了解移动应用程序营销;
4. 了解微信营销;
5. 了解二维码营销。

任务一 了解移动营销

【任务描述】

随着我国移动通信的飞速发展,以及智能手机的不断普及,移动营销正在迅速崛起。因为,手机上网已经成为人们的一种重要生活方式,通过手机上网我们可以轻松完成网上支付、网上转账、网上购物等等,极大地方便了大家的生活。在本任务中,我们将了解移动营销的概念、发展、特点和提供的业务。

【任务实施】

一、移动电子商务的概念

移动营销一般是指移动电子商务(M-Commerce),它由电子商务(E-Commerce)的概念衍生出来,电子商务以 PC 机为主要界面,是"有线的电子商务";而移动电子商务,则是通过手机、PDA(Personal Digital Asistant)等可以装在口袋里的终端与我们谋面,无论何时、何地都可以开始。①

大数据研究公司 QuestMobile 发布的移动电商数据显示,2016 年 1 月,国内移动电商用户规模为 4.12 亿,相比 2015 年的 3.27 亿增长 25%。根据艾瑞咨询《2017 年中国移动电商行业研究报告》显示,2016 年移动购物市场交易规模约为 3.3 万亿元,占网络购物总交易规模的 70.2%,继 2015 年超过 PC 端之后,占比继续扩大,移动端已成为网购的主流渠道。另一方面,2016 年移动购物市场交易规模增速为 57.9%,首次低于 100%,移动购物市场增速放缓,进入平稳发展期。

二、移动电子商务的发展历程

移动电子商务技术从出现至今已经经历了三代。

第一代	● 技术基础:短信 ● 优点:方便、可移动 ● 缺点:短信不会得到及时的回复、输入信息长度和形式都有限、用户无法查询到详细的信息等
第二代	● 技术基础:WAP 技术 ● 优点:主要通过浏览器的方式来访问 WAP 网页,以实现信息的查询 ● 缺点:WAP 网页访问的交互能力较差等,因此极大地限制了移动电子商务系统的灵活性和方便性。此外,由于 WAP 使用的加密认证的 WTLS 协议建立的安全通道必须在 WAP 网关上终止,形成安全隐患
第三代	融合了 3G、4G 移动技术、VPN、智能移动终端、身份认证、数据库同步及 Web Service 等多种移动通信、信息处理和计算机网络的最新的前沿技术。以专网和无线通信技术为依托,使得系统的安全性和交互能力有了极大的提高,为电子商务人员提供了一种安全、快速的现代化移动执法机制

三、移动电子商务的特点

(1) 更具开放性、包容性	移动电子商务具有无线化的优点,用户接入方便,不受上网设备地点的影响,任何人都更容易进入网络世界,从而使网络范围延伸更广阔、更开放;同时,使网络虚拟功能更带有现实性,因而更具有包容性
(2) 随时随地	移动电子商务的最大特点是"自由"和"个性化"。移动电子商务可以让人们随时随地结账、订票或者购物,感受独特的商务体验
(3) 潜在用户规模大	从电脑和移动电话的普及程度来看,移动电话远远超过了电脑。以移动电话为载体的移动电子商务在现有用户规模和潜在用户规模上,都大于传统的电子商务
(4) 能较好确认用户身份	手机号码具有唯一性,通过手机 SIM 的用户信息,可以帮助运营商确定用户的身份信息,而随着手机实名制的推行,这种身份确认将越来越容易。对于移动电子商务而言,这就有了信用认证的基础

① 邱晓理. 无线应用服务的个人时代[J]. 互联网世界,2001,(3).

续　表

（5）定制化服务	由于移动电话具有比 PC 机更高的可连通性与可定位性,因此移动电子商务的生产者可以更好地发挥主动性,为不同顾客提供定制化的服务。例如,开展依赖于包含大量活跃客户和潜在客户信息的数据库的个性化短信息服务活动,以及利用无线服务提供商提供的人口统计信息和基于移动用户当前位置的信息,商家可以通过具有个性化的短信息服务活动进行更有针对性的广告宣传,从而满足客户的需求
（6）移动电子商务易于推广使用	移动通信所具有的灵活、便捷的特点,决定了移动电子商务更适合大众化的个人消费领域,比如:自动支付系统,包括自动售货机、停车场计时器等;半自动支付系统,包括商店的收银柜机、出租车计费器等;日常费用收缴系统,包括水、电、煤气等费用的收缴等;移动互联网接入支付系统,包括登录商家的WAP站点购物等
（7）移动电子商务领域更易于技术创新	移动电子商务领域因涉及 IT、无线通信、无线接入、软件等技术,并且商务方式更具多元化、复杂化,因而在此领域内很容易产生新的技术。随着我国 3G、4G 网络的兴起与应用,这些新兴技术将转化成更好的产品或服务。所以移动电子商务领域将是下一个技术创新的高产地

四、移动电子商务提供的业务

1. 银行业务

用户可以通过手机银行进行转账、购物、账户查询以及接收付款通知等,如图 8-1 所示。

2. 交易

移动电子商务具有即时性,因此非常适用于股票、基金等交易应用。移动设备可用于接收实时财务新闻和信息,也可确认订单并安全地在线管理股票交易,如图 8-2 所示。

图 8-1　手机银行

图 8-2　手机基金交易

3. 订票

通过因特网预订机票、车票或入场券已经成为移动电子商务的一项主要业务,其规模还在继续扩大。因特网有助于方便核查票证的有无,并进行购票和确认。移动电子商务使用户能在票价优惠或航班取消时立即得到通知,也可在旅行途中临时更改航班或车次,如图 8-3 所示。

图 8-3　手机订票

4. 购物

用户可以直接通过手机登录购物网站进行购物,也可以通过扫码的形式进行线下购物,如图 8-4 所示。

图 8-4　手机扫码支付

5. 娱乐

移动电子商务将带来一系列娱乐服务。用户可以在手机上看电影、听歌、看书或进行游戏,如图8-5所示。

图8-5 移动游戏

6. 无线医疗

医疗活动中,时间非常重要,由于移动电子商务的即时性,可以方便病人预约、挂号、咨询等,也可以方便医生进行查房、护理等其他医务事项,如图8-6所示。

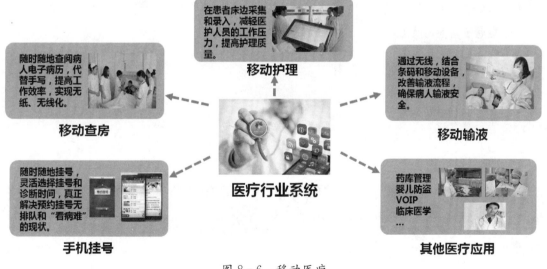

图8-6 移动医疗

移动电子商务作为一种新型的电子商务方式,利用了移动无线网络的优点,是对传统电子商务的有益的补充。尽管目前移动电子商务的开展还存在安全与带宽等很多问题,但是相比传统的电子商务方式,移动电子商务具有诸多优势,得到了世界各国普遍重视,发展和普及速度很快。

【任务评价】

● 自我评价

主 要 内 容	自我评价等级(在符合的情况下面打"√")			
	全都做到了	大部分(80%)做到了	基本(60%)做到了	没做到
熟悉移动电子商务的概念				
理解移动电子商务的特点				
了解移动电子商务的业务				
自我总结 我的优势 我的不足 我的努力目标 我的具体措施				

● 小组评价

主 要 内 容	小组评价等级(在符合的情况下面打"√")			
	全都做到了	大部分(80%)做到了	基本(60%)做到了	没做到
熟悉移动电子商务的概念				
理解移动电子商务的特点				
了解移动电子商务的业务				

建议

组长签名：　　　　　　　　　　　　　　　　　　　　　　年　月　日

● 教师评价

主 要 内 容	教师评价等级(在符合的情况下面打"√")			
	优 秀	良 好	合 格	不合格
熟悉移动电子商务的概念				
理解移动电子商务的特点				
了解移动电子商务的业务				

评语

教师签名：　　　　　　　　　　　　　　　　　　　　　　年　月　日

任务二　了解 SoLoMo 营销概念、商业模式

【任务描述】

随着新媒体的不断出现,营销和新媒体的整合把企业营销推到一个全新的高度,新的营销模式不仅整合社交媒体,还融合了很多新的移动技术和新的营销理念,我们把这种新的营销称为 SoLoMo,它由 3 个单词组成:Social(社交化)、Local(本地化)、Mobile(移动化),预示着接下来移动营销的发展趋势。在本任务中,我们将了解 SoLoMo 的含义和商业模式。

【任务实施】

一、SoLoMo 营销的含义

SoLoMo 营销模式,是指结合社会化、本地化、移动化的新型市场营销模式。

其中,社会化主要基于以微博和微信为代表的社会化互动媒体,本地化主要基于 LBS 地理位置的服务,移动化主要基于手机和平板电脑等移动平台。Social 是当下乃至未来的潮流,而 Local 和 Mobile 则是建立在 Social 这个大平台下进行有特色的发展。从最开始的 Facebook 到当下炙手可热的微信,这样的 So 已深入人心。而 Lo 则代表着以 LBS 为基础的各种定位和签到,如大众点评、车载导航;Mo 则是根据智能手机、iPad 等移动终端应运而生的各种移动互联网应用。

二、SoLoMo 营销商业模式

1. Social

Social 是由最初的 Facebook、Twitter 到国内后起之秀人人网、微博等这些 SNS[①] 社区所掀起的社交活动,通过虚拟世界的社交来为现实生活提供价值。

类似人人网、微博、百度贴吧等社交网站把具有相同兴趣的访问者集中到网站这个虚拟空间,访问者能在这里相互沟通、分享。由于聚集、参与的人数较多,因此网站不仅具有交友功能,还成为营销的场所。

案例 8-1:购物社交化——"小红书"玩分享式购物

分享可以提高我们生活的乐趣,在消费中尤其如此。小红书之所以迅速成长为年轻群体偏好的购物平台,其精髓就在于实现了消费的 Social 化,如图 8-7 所示。

案例 8-2:人人网

人人网用复制 Facebook 的成功路径的方式首先超越了开心网、若邻网这些网络社区,成为国内 SNS 社区的领头羊。2010 年下半年,人人网的移动客户端新增了 LBS 特色

---

① SNS,全称 Social Networking Services,即社会性网络服务,专指旨在帮助人们建立社会性网络的互联网应用服务。SNS 的另一种常用解释:全称 Social Network Site,即"社交网站"或"社交网"。社会性网络(Social Networking)是指个人之间的关系网络,这种基于社会网络关系系统思想的网站就是社会性网络网站(SNS 网站)。

图 8-7　小红书官网

的"人人报到"。之后,人人网不断完善移动端的客户体验,相继增加了发布实时状态、拍照片添加位置信息、语音发状态等功能,这种位置服务与社交属性的结合,使其在 LBS 服务的实用性、多样性又迈进了一步。

　　类似于人人网这样的 SNS 社区就是我们所谓的 Social,使用移动终端这个 Mobile 进行定位获取服务信息,LBS 恰是 Local。与一般 LBS 不同的地方在于,人人网融合了真实社交关系,不单单是地理位置的标注,更好地促进大家的沟通交流。

　　像人人网推出"人人爱购"、"人人签到",大众点评推出的"附近优惠"、"签到留言"等产品应用,购物、签到等不仅是一个个应用,更是一个社区和 LBS 结合的天然平台。商家通过 SoLoMo 平台,有针对性地进行营销,同时与天猫、京东等公司合作,从而改变 SoLoMo 平台单纯以广告收入为主的单一盈利模式,发现在此基础上新的盈利点。

　　一些 SNS 社区网站的移动客户端上添加了类似于糯米网的团购信息和商家的优惠活动,通过定位获取用户的地理位置。这样就可以根据用户的地理信息提供附近的团购信息和产品服务,这种利用人人网较大的访问量给店家提供客户资源的方式,可以把 LBS、SNS 与团购结合,最大限度地利用资源。

2. Local

随着智能手机、Pad 等移动终端的发展,地区性、小范围的资讯会越来越完善,这就需要用到 LBS(Location-Based Service)功能。

　　案例 8-3:在团购乱象中杀出重围的本地化社区"大众点评"

　　在团购网站,消费者更喜欢团生活服务类商品和服务,也更容易接受这种在线支付购买线下的商品和服务,再到线下去享受服务的模式。团购平台从一天一款、一款卖一天,到一天多款、一款卖多天,从单纯商品到商品、服务一系列,从一个城市辐射到全国,团购平台根据消费者的购物心理和需求在不断完善。[①] 团购这种电子商务形式,正在向商品多样化、注重生活服务折扣方式发展。

消费者通过网上介绍选择自己需要的产品和服务,然后去实体店进行消费,这是一种网上支付与实体店创造客流量的一种结合。比如消费者通过大众点评网站选择一项产品或服务,然后再去店家消费,实际消费之后,消费者可以通过分享图片、文字等进行评价,其他消费者就可以根据你的评价选择是否去消费。这种偏向于线下的消费方式,有助于消费者更好地选择产品和服务,感觉更加真实可信。

2003年,雏形阶段的大众点评网以第三方发表餐饮评论为主。到目前为止,大众点评主要有四个盈利方向,分别是优惠券、团购、关键词(竞价排名)和移动互联网。[②] 大众点评网站主要依靠消费者的评价和营销团队确定SoLoMo战略。大众点评模式的强势崛起,体现出良好营销团队和有吸引力网站的重要性,当然只有在结合团购和LBS,才能更好发挥本地化移动社区的营销功能。

如图8-8所示,为大众点评安卓版手机客户端首页,我们可以根据自己的需要选择定位的地点。如我们在搜索栏输入"中山公园龙之梦",就会出现多家相关店铺。

图8-8　大众点评

案例8-4:百度地图的全能化发展

随着互联网的飞速发展,手机用户成为重要的客户资源,各大商家开始密切关注和进行移动营销的推广,也极大地推动了移动应用与线下商家适配的发展。所以,线上流量的聚集度和竞争就越发激烈,导致各入口级产品的战略优势更加明显。比如,百度地图开发的初衷是查询出行线路,但是现在正逐渐演变为"生活方式导师"。

早期的百度地图取到的POI(信息点)比较有限,主要的作用就是帮助使用者合理规划出行路线和乘坐的交通工具。但是在移动互联网时代,百度地图的查询路线的功能大大弱化,反之与线下服务合作功能得到凸显。因为平台具有大流量入口的潜力。具体来看,百度地图从LBS到接入OTA之后,除了提供最新的交通规划线路、行车导航等服务外,还汇集美食餐饮、酒店住宿、银行、商场等各类线下信息和服务。

① 打开百度地图App,点击"发现周边服务",如图8-9所示。

② 可以看到百度地图的社会服务包括了出行、住宿、美食、旅游、汽车、休闲娱乐等方面,几乎概括了我们生活的各个方面。例如点击"发现美食",如图8-10所示。

---

① 孙倩婷,孟颖.电子商务O2O模式的研究[J].时代经贸,2013,(13).
② 马里奥.大众点评:发起"美食总动员"[J].创意世界,2012,(8).

图 8-9　百度地图　　　　　　图 8-10　百度地图发现美食

③ 选择地理位置和搜索范围,选择 500 米,如图 8-11 所示。

④ 可以看到附近 500 米内的美食,在美食列表中点击第一家美食"肯德基",如图 8-12 所示。

图 8-11　位置设置　　　　　　图 8-12　商家搜索

⑤ 可以看到该家店的店铺信息和客户评价,用户还可以通过"分享"把店铺分享给自己的好友,通过"点评"发表对这家店铺的评价,如图8-13所示。

图8-13　商家评价

⑥ 点击"外卖"即可以进入该店铺的商品页面,用户可以通过该页面完成商品选择和订单支付,如图8-14所示。

图8-14　点单

159

3. Mobile

随着移动通信的发展，人们消费中心也逐渐从 PC 转向 Mo。无论 Social 和 Local 最终都需要终端，因此未来发展主要在"Mo"。

以小米手机为例，小米的英文是"Mi"，是移动互联网（Mobile Internet）的缩写（如图 8-15 所示）。小米科技以手机作为搭载平台，与围绕着小米开发的操作系统和应用形成一个完整的产业价值链。"米聊"是一款基于"熟人社交网络"的手机聊天软件，"米聊"与基于 QQ 庞大用户的微信都是基于通讯录的即时沟通软件，在功能上有许多的相似性，故两者在"手机对讲机"市场上有明显的竞争，而移动、联通、电信三大运营商也进入了"手机对讲机"市场。这种基于通讯录的即时沟通软件是移动社区发展的雏形。

图 8-15　米聊

 【任务评价】

- 自我评价

主　要　内　容	自我评价等级（在符合的情况下面打"√"）			
	全都做到了	大部分（80%）做到了	基本（60%）做到了	没做到
熟悉 SoLoMo 营销的含义				
理解三种 SoLoMo 商业模式				
了解 SoLoMo 的具体应用				
自我总结　我的优势　我的不足　我的努力目标　我的具体措施				

- 小组评价

主　要　内　容	小组评价等级（在符合的情况下面打"√"）			
	全都做到了	大部分（80%）做到了	基本（60%）做到了	没做到
熟悉 SoLoMo 营销的含义				
理解三种 SoLoMo 商业模式				
了解 SoLoMo 的具体应用				

建议

组长签名：　　　　　　　　　　　　　　　年　月　日

● 教师评价

主 要 内 容	教师评价等级(在符合的情况下面打"√")			
	优 秀	良 好	合 格	不合格
熟悉 SoLoMo 营销的含义				
理解三种 SoLoMo 商业模式				
了解 SoLoMo 的具体应用				

评语		
	教师签名：	年 月 日

【拓展活动】

选择一个自己手机上的 App,分析其 SoLoMo 内容。

任务三　了解移动应用程序营销

【任务描述】

App 是现如今人们手机生活中必不可少的一部分,购票 App、拼车 App、图片美化 App、银行 App、外卖 App……这些 App 在我们日常生活中使用的频率越来越高。作为企业来说,用户是根本,挖掘用户消费价值是企业的一项重要战略,App 拥有多用户量和高使用频率,对于企业来说就是一笔巨大的营销推广价值点。在本任务中,我们将了解 App 营销的概念和主要模式。

【任务实施】

一、App 营销的概念

1. App 营销的含义

App 是应用程序 Application 的缩写,App 营销指的是应用程序营销。App 营销是通过手机、社区、SNS 等平台上运行的应用程序来开展营销活动。如今几乎每一个人都有一部智能手机,而最受欢迎的智能手机系统是 Android、iOS。这些智能手机可以执行一切你能想到的必要的操作。各种 App 商城中充斥着不同的手机 App 软件。[1]

2. App 本身特性

App 营销以其具有的低成本、高精准、强互

图 8-16　手机应用程序

① 缪展辉,App 营销与传统无线营销对比探讨[J].广东教育：职教,2014,(2).

动、高黏性等特点得到迅猛发展。

（1）低成本

App 的开发所需的人力成本很低，据统计，66％以上的 App 开发团队在 5 人以下。开发一款全新的 App 一般需要 1—2 周时间，费用在人民币 1 万—10 万不等。另外，App 营销的费用相对于电视、报纸，甚至是网络都要低很多，而且营销效果是传统营销媒体电视、报纸所不能代替的。

（2）高精准

选择下载某个 App 的客户一定是对 App 感兴趣的客户，商家可以通过客户在 App 上的行为给客户画像，为客户推荐关联度高的产品。

（3）强互动

用户通过移动终端登录 App 时会不自觉地吸收一些营销广告和信息。用户的主动参与形成了强大的互动参与。

（4）高黏性

手机是唯一能够不受时间场合限制的"媒体"，而且十分贴身。人们可以随时随地打开手机，运行手机上的 App。不同的消费需求需要不同的 App，用户利用空闲时间使用不同的 App，也会形成高黏性，对于网络营销也大有裨益。

二、App 营销的模式

App 营销主要有内置广告、利用现有 App"线上＋线下"互动和自有 App 三种模式：

1. App 内置广告

App 内置广告，客户在使用 App 时把广告呈现给客户。

2. 利用现有 App"线上＋线下"互动

App"用户参与"模式最主要的表现形式就是采取"线上＋线下"的互动营销。尤其是需要将线上 App 与线下营销活动无缝对接，以便于吸引更多的用户参与到活动之中。

例如，可口可乐在 Twitter 上做的"球场纸条"，是把 Scrabble 拼字游戏与 Twitter 结合进

图 8-17　球场纸条

行线上＋线下营销。

阿根廷人对足球的喜爱近乎狂热,在看台上喜欢扔纸条以支持喜欢的球队,不能去现场的就在家看球就发 Tweet 来支持球队。

于是广告公司就把扔纸条和 Tweet 结合起来,让不能在现场的电视观众也能"扔"纸条,官方在 Twitter 上面发起一个发 Tweet 活动,球迷只需要发布带特定关键字的 Tweet,那么官方就会帮球迷打印出来,等到球场的时候,官方会帮球迷把这些纸条扔出去,可口可乐的标志出现在纸条最后,让观众充满感动。虽然是简单的一个纸条,但是把可口可乐的"Share Happiness"展现无遗,让远在电视机前的观众也能分享球场的喜悦。

3. 自有 App 模式

（1）基本状况

作为"用户参与"模式的一种,它最鲜明的特点就是拥有自己的 App,将营销活动的重心放在线上。现在很多商家拥有属于自己的 App,还有许多在特定营销活动中开发的临时 App。

（2）分类

自由 App 营销模式主要分为自主性和目的性两种,自主性营销模式在于开发主体的不同,目的性营销模式在于营销活动的目的不同。

① 按开发主体分。开发主体即是亲自设计制作用以营销活动应用的公司或团队,这就可以分为两种：企业自己设计、开发、测试；另一种是委托给专门的设计开发公司或团队来做。

前者一般都是有一定的技术基础和人才的公司才会这样做,一般是基于竞争的因素而采用保密的设计并且一般直接使用在自己的产品中；后者则是因为自己设计开发成本过高或没有相应的技术人才而选择寻找供应商设计制作,这之中包括公司、团体、活动等。

② 按目的分：按营销目的来分,首先从营销的主体开始,可以分为公司的和活动团体的；从营销活动的目的看,可以分为品牌渗透和产品推广；根据目的又可以从达成这一目的所需要的周期而分为长期品牌渗透和短期的活动或产品推广。根据不同的需要开发不同的 App,能使营销活动更有效地进行。

（3）经典案例

不少企业在自有 App 营销中取得过优异成绩,比如三星的"时光胶囊"、康师傅的"传世寻宝"等；在短期活动或产品中有《失恋 33 天》的"贱小猫"应用、《盗梦空间》的"盗梦空间"游戏、《里约大冒险》的"愤怒的小鸟"游戏等。

下面就三星的"时光胶囊"进行详细分析,如图 8－18 所示。

为了能更好地凸显 Galaxy SII 核心优势,百分通联为精心打造的 APPS 取了一个很未来的名字——"时光胶囊",并设计了十分炫酷的 App 页面,带给用户视觉和使用上的"穿越"体验。整个 APPS 分为三大模块：时光密码、时光隧道和时光勋章。用户在完成登录操作后,即可开启自己的穿越之旅。通过"时光密码",用户可以识别剧中的潜藏剧情、广告及主角的活动信息,如,识别 Galaxy SII 手机,便有机会赢得 10 部真实手机大奖；识别林宥嘉的制定头像,即可能参加 2011 林宥嘉北京演唱会；识别京华时报二维码,可获得隐藏剧情等,用户还可以将这一活动信息同步传送到微博,实现传播效果的纵深化。"时光隧道"则为你提供了穿梭时空的平台,选择你想要穿越的年代,写作和分享故事,不仅可以获得三星为你精心打造的所属年代的手机桌面壁纸,重回似曾相识的情境。如果

图 8-18　时光胶囊

你的故事足够优秀,还能获得三星为你提供的拍摄你讲述的故事的机会。

有趣的是,百分通联还根据 Galaxy SII 的音译打造了十个年代"盖世兔"的卡通形象,让产品的形象跃然桌面之上,更显生动、丰富起来;而"时光勋章",即文章开头提到的虚拟三星 Galaxy SII 道具抓取的功能,但凡抓取到虚拟手机道具,便可获得一枚勋章,参与到幸运抽奖中来,奖品包括《变幻的年代》的剧照、充值卡、那英北京演唱会门票和 CD 等,将一场线上的视频互动营销与线下基于位置信息和虚拟实境技术的道具抓取游戏完美结合,更为立体地传播了此次活动,扩大了活动的影响。

这款 App 在上线不到半个月的时间里,便获得了超过 8 万次的下载和安装,显然,这是个不错的开始。

 【任务评价】

• 自我评价

主　要　内　容	自我评价等级(在符合的情况下面打"√")			
	全都做到了	大部分(80%)做到了	基本(60%)做到了	没做到
熟悉 App 营销的基本概念				
理解三种 App 的营销模式				
了解每种营销模式的内容				
自我总结　我的优势				
我的不足				
我的努力目标				
我的具体措施				

● 小组评价

主　要　内　容	小组评价等级(在符合的情况下面打"√")			
	全都做到了	大部分(80%)做到了	基本(60%)做到了	没做到
熟悉 App 营销的基本概念				
理解三种 App 的营销模式				
了解每种营销模式的内容				

建议

　　组长签名：　　　　　　　　　　　　　　　　　年　月　日

● 教师评价

主　要　内　容	教师评价等级(在符合的情况下面打"√")			
	优　秀	良　好	合　格	不合格
熟悉 App 营销的基本概念				
理解 3 种 App 的营销模式				
了解每种营销模式的内容				

评语

　　教师签名：　　　　　　　　　　　　　　　　　年　月　日

任务四　了解微信营销

【任务描述】

　　微信(Wechat)是腾讯公司于 2011 年 1 月推出的一个为智能终端提供即时通讯服务的免费应用程序。微信支持跨通信运营商、跨操作系统平台通过网络快速发送免费语音短信、视频、图片和文字,同时也可以使用通过共享流媒体内容的资料和基于位置的社交插件"摇一摇"、"漂流瓶"、"朋友圈"等服务插件。[①] 如果说微博侧重于信息的分享,那么微信则更侧重于互动。与微博相比,微信推出的服务功能更贴合手机用户的网络信息互动需求,也符合当下电子商务时代的新发展——移动电子商务。

---

① 　韩颖.微博营销与微信营销比较[J].中国电子商务,2014,(16).

【任务实施】

一、微信营销的概念

微信营销是一种新型的网络营销模式,其基于微信的一些功能开展的营销活动,例如消息、朋友圈、微店等。在微信上大家可以互相发送消息,也可以分享消息,关注自己感兴趣的信息、商品或者服务。同时,商家也可以通过用户信息,提供有针对性的产品和服务,以便于顺利完成营销活动。

二、微信营销的优点

1. 高到达率

手机短信或者电子邮件都有垃圾信息自动屏蔽功能,企业若是给客户大量发送信息有可能被系统删除,信息最后到不了用户那里。而微信信息不会被系统删除或屏蔽。

2. 高曝光率

微信用户收到信息后,微信就会通过声音、震动、信息提示灯提醒用户查看,信息能及时被查看,曝光率高达100%。

3. 高接收率

微信用户不仅可以接收即时信息,还可以订阅公众号,获取自己感兴趣的信息。

4. 高精准度

关注企业公众号的客户一般都是企业潜在的客户或者已有的客户,这样企业进行营销活动时,营销的精准性就提高了不少。

5. 高便利性

微信营销是移动营销的一种,不像传统的网络营销一样受设备、地点的影响,微信影响客户随时随地、可移动地进行。

三、微信营销的形式

常见的微信营销形式有以下七种:

1. 漂流瓶

用户可以发布语音或者文字然后投入大海中,如果有其他用户"捞"到则可以展开对话,如:招商银行的"爱心漂流瓶"用户互动活动就是个典型案例。

功能模式:漂流瓶有两个简单功能:

① "扔一个",自己写一个漂流瓶扔进大海。

② "捡一个",捞其他人投放的漂流瓶与其互动。

营销方式:微信官方可以对漂流瓶的参数进行更改,使得合作商家推广的活动在某一时间段内抛出的"漂流瓶"数量大增,普通用户"捞"到的频率也会增加。

2. 位置签名

商家可以在自己的微信签名档中对自己进行宣传。

功能模式:用户在使用微信查找商家时,可以看到的信息有商家微信名称和签名档,这时商家就可以在签名档的位置对自己进行宣传。

营销方式:通过"查看附近的人"对附近的人进行营销推广。

3. 二维码

商家可以设置自己的微信二维码,方便客户扫描加好友。

功能模式：扫描二维码，用户可以加商家为好友，获得商家优惠信息。

营销方式：扫描二维码。

4. 开放平台

通过微信开放平台，应用开发者可以接入第三方应用，还可以将应用的 LOGO 放入微信附件栏，使用户可以方便地在会话中调用第三方应用进行内容选择与分享。如，美丽说的用户可以将自己在美丽说中的内容分享到微信中，可以使一件美丽说的商品得到不断的传播，进而实现口碑营销。

5. 公众平台

在微信公众平台上，企业可以建立自己的微信公众号，并在微信平台上实现和客户的文字、图片、语音的全方位沟通和互动。

6. 微信开店

这里的微信开店是由商户申请获得微信支付权限并开设微信店铺的平台，商户申请了微信支付后，就能搭建微信店铺，在微信店铺上销售商品。

7. 客户服务

当越来越多的企业开始微信营销的同时，企业会在微信账号后台设置好一些快捷回复，而人工微信客服则是实现了真正的人与人在线实时沟通、传送活动、优惠信息等。而就微信自身的特点而言，微信是一个维系老客户的重要渠道，因此微信的咨询受理成为重点。

四、 微信营销步骤

淘宝店铺 A 是一家女装和女性饰品、化妆品销售店铺。2013 年 10 月，店主小李开通了自己的微信，小李打算通过微信来对自己店铺的商品进行营销推广。

1. 添加微信好友

① 小李在开通微信后就需要添加自己的微信好友，点击微信设置面右上角"＋"号，选择添加朋友，如图 8-19 所示。

图 8-19　添加微信好友(1)　　　　图 8-20　添加微信好友(2)

② 点击"添加朋友"，就会进入好友添加方式选择页面，如图 8 - 20 所示。

③ 在添加好友页面，可以选择直接手动搜索号码添加好友，也可以通过扫描二维码或雷达添加好友，还可以直接从自己的手机通讯录里面导入好友。小李选择通过搜号码添加好友，小李输入好友微信号码后就看到了好友信息，点击"添加到通讯录"，这样一个好友就添加好了。

小李又通过 QQ 通讯录和手机通讯录添加了 134 个好友到自己的微信中。

2. 发布软文

小李通过微信信息发布功能发布了一些产品的介绍和推荐文字和图片（如图 8 - 21 所示）。在微信中如果只是发布产品销售信息，这样会使客户感到厌烦，所以小李在发信息时，会把产品介绍融入一些故事和散文、心情文字中，这样不仅增加了客户信息阅读的趣味性，而且不会使客户对微信销售感到反感，客户在阅读这些软文时也会看到介绍的一些产品信息。

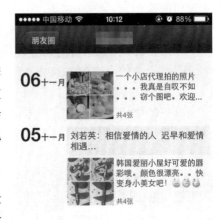

图 8 - 21　微信软文

3. 发布试用照片

不管是网店还是在微信上进行产品销售，客户对企业的信任度与企业的销量有很大的关系。客户越信任企业和企业的产品，就越可能购买，发布试用照片或者试用感受说明，都会增加客户信任度。

小李在自己的微信上发布了一款化妆品的试用照片和试用感受，想通过这些试用来增加客户对自己产品的信任度，从而吸引客户进行购买，如图 8 - 22 所示。

4. 开通微店

2014 年 5 月，小李在微信上开通了自己的微店，在微店上传了淘宝店铺的部分商品，微信客户可以在微店上直接点击相应商品并进行购买（如图 8 - 23 所示）。

图 8 - 22　发布试用报告

图 8 - 23　微店

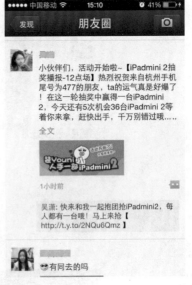

图 8 - 24　微信活动

5. 举办微信活动

小李在微信上还会定期举办一些抽奖活动。首先,举办抽奖活动,可以使微信好友互相传播分享,吸引更多的微信客户添加自己为好友,这样可以扩大自己的微信营销覆盖面。其次,举办微信抽奖活动还可以提高现有微信客户的忠诚度,吸引这部分客户参加抽奖。最后,举办微信抽奖活动,还可以增加客户对自己的关注度,这样就会提高客户的商品购买可能性(如图8-24所示)。

通过以上的五个微信营销步骤,小李的微信营销活动就完成了。经过一个月的微信营销推广,小李的产品销量比以前增长了很多。在今后的营销中,小李还需要不断进行这五个步骤。添加更多的微信好友、每天更新微信发布信息、发布试用报告、定期举办一些微信活动、不断完善微店的商品,这就是微信营销推广的主要内容。

 【任务评价】

● 自我评价

主　要　内　容	自我评价等级(在符合的情况下面打"√")			
	全都做到了	大部分(80%)做到了	基本(60%)做到了	没做到
熟悉微信营销的五个优点				
理解微信营销的三个特点				
了解微信营销的表现形式				
自我总结　我的优势 我的不足 我的努力目标 我的具体措施				

● 小组评价

主　要　内　容	小组评价等级(在符合的情况下面打"√")			
	全都做到了	大部分(80%)做到了	基本(60%)做到了	没做到
熟悉微信营销的五个优点				
理解微信营销的三个特点				
了解微信营销的表现形式				

建议

　　组长签名:　　　　　　　　　　　　　　　　　　　　　　年　月　日

● 教师评价

主 要 内 容	教师评价等级(在符合的情况下面打"√")			
	优 秀	良 好	合 格	不合格
熟悉微信营销的五个优点				
理解微信营销的三个特点				
了解微信营销的表现形式				

评语

教师签名：　　　　　　　　　　　　　　　　　　　　　　　　　年　月　日

【拓展活动】

为某企业或某商品设计一个微信营销方案。

任务五　了解二维码营销

【任务描述】

随着移动互联网技术的不断革新,传统快消品企业的营销理念也在日新月异地发生变化,近年来兴起的二维码营销技术,渐渐开始风靡整个快消品行业。据统计,目前中国的智能手机用户已经突破 6 亿,二维码营销时代的到来,已经成为不可违逆的潮流。在本任务中,我们将了解二维码营销的概念和基本模式。

【任务实施】

一、二维码营销的含义

二维码营销是指将企业的视频、文字、图片、促销活动、链接等植入在一个二维码内,再将二维码图案传播给消费者,吸引消费者扫描。消费者扫描后就会获得相关的产品资讯、促销活动等。

二维码营销是一种简单、便捷的营销方式,也是目前市场上一种重要的营销方式。二维码传播起来比较简单,而且可以包含丰富的信息内容,企业只需把相关信息加入到二维码中即可。

二、二维码营销模式

二维码营销模式有四种:

1. 线下到线上

在线下扫码获取信息,手机上支付,通过物流快递给消费者,线下到线上(移动互联网),相关产品:快拍购物搜索、手机淘宝。

快拍购物搜索是一款手机端的购物比价软件,通过扫描商品上的条形码识别商品的名称、价格等信息。在购物时,做到货比三家,防止欺诈的发生。安装快拍购物搜索后只要拿出手机轻轻一扫,商品条码对应的商品价格、厂家、商店位置立即呈现,轻松选择最近最便宜的购物点或在线网店,体验移动购物带来的便利。

① 扫描商品条码,查看商品信息进行商品价格比较,如图 8-25 所示。

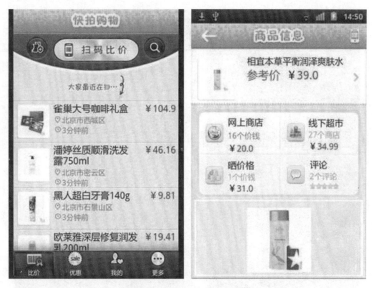

图 8-25　快拍购物

② 选择商品,填写收货地址,如图 8-26 所示。

图 8-26　填写收货信息　　　　　　图 8-27　完成支付

③ 完成支付,如图 8-27 所示。商品通过物流送达给消费者。

2. 线下到线上再到线下

在线下扫码获取信息,手机上支付,再到线下来接受服务,线下到线上再到线下,相关产品:快拍二维码。

快拍二维码是一款手机二维码和一维码扫码解码软件,通过调用手机镜头的照相功能,用软件快速扫描识别出条形码和二维码内的信息。用户通过扫描二维码了解商品信息和完成商品的手机支付。

① 线下手机扫描商品条码,查看商品信息,如图 8-28 所示。

图 8-28　手机扫码查看商品信息

② 手机扫码支付,用户获得商品,如图 8-29 所示。

图 8-29　手机扫码支付

3. 线下广告

商家通过在线下发布二维码,在二维码中设置广告信息,用户扫描二维码即可了解广告详情。例如二维码广告,如图 8-30 所示。

4. 线下虚拟商店

我们可以看到地铁里 1 号店的虚拟商店、许多楼宇框架广告牌,在广告牌旁边附有二维码,只要扫描二维码就可以进行关注和产品的购买,如图 8-31 所示。

图 8-30　二维码广告

图 8-31　1号店虚拟商店

三、二维码营销案例

Emart 超市隐形二维码

在烈日高照的中午,大部分人都不愿意出门购物,因此超市等一些行业在中午的人流量和销量都较低。韩国 Emart 超市为了改变这种状况,吸引人们在中午也能前来消费,于是设计了一款非常有创意的二维码,这个二维码只有在中午时,阳光照射到它,它才会显现,用户用手机扫描它,就可以获得超市的优惠信息,吸引用户在中午时进行消费。

图 8-32　Emart 超市的隐形二维码

JCPenney 商店个性化送礼二维码

零售商 JCPenney 让顾客在礼物上添加个性化的元素。从任意一家 JCPenney 商店购买礼物后,你都会获得一个"圣诞标签(SantaTag)"以及相应的二维码。扫描该二维码后,赠予人可以为接收人录制一段个性化的语音信息,然后赠予人把该标签像礼品卡一样塞在包装上。

图 8-33　个性化送礼二维码

星巴克简化与顾客互动

星巴克等商店利用二维码简化与顾客互动的方式,使顾客不用再大排长龙等待付款,而只需把预付费卡和手机应用绑定,就可以更快捷地完成支付,还能更多地了解产品和商店的信息。

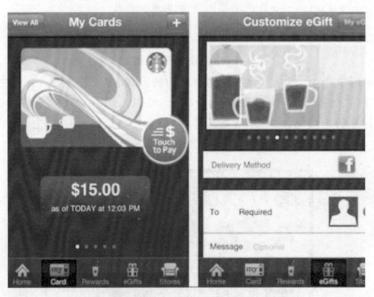

图 8-34　二维码简化支付

在未来,二维码的功能将更多,为消费者提供更便利、更贴心的购物体验。

【任务评价】

● 自我评价

主 要 内 容	自我评价等级(在符合的情况下面打"√")			
	全都做到了	大部分(80%)做到了	基本(60%)做到了	没做到
熟悉二维码营销的含义				
理解二维码营销的模式				
了解二维码的商业应用				
自我总结　　我的优势 　　我的不足 　　我的努力目标 　　我的具体措施				

● 小组评价

主 要 内 容	小组评价等级(在符合的情况下面打"√")			
	全都做到了	大部分(80%)做到了	基本(60%)做到了	没做到
熟悉二维码营销的含义				
理解二维码营销的模式				
了解二维码的商业应用				

建议

　　组长签名：　　　　　　　　　　　　　　　　　　　　　　年　月　日

● 教师评价

主 要 内 容	教师评价等级(在符合的情况下面打"√")			
	优　秀	良　好	合　格	不合格
熟悉二维码营销的含义				
理解二维码营销的模式				
了解二维码的商业应用				

评语

　　教师签名：　　　　　　　　　　　　　　　　　　　　　　年　月　日

【拓展活动】

为某企业或某商品设计一个二维码营销方案。

········ ·项目小结与评价· ········

※ 项目小结

随着智能手机、iPad、掌上电脑等移动设备的普及,移动营销也慢慢走进了人们的视线,以移动 App 为代表的移动营销方式也给企业带来了新的营销机遇。在本项目中,我们了解了移动营销的内涵、特点、微信营销、App 营销和二维码营销。通过了解移动营销的内涵和 SoLoMo 营销概念、模式,对移动营销有了一个大致的认识,接着,又通过了解三种移动营销的具体方式微信营销、App 营销和二维码营销,进一步加深了对移动营销和网络营销的理解。

※ 项目评价

● 自我评价

主　要　内　容	自我评价等级(在符合的情况下面打"√")			
	全都做到了	大部分(80%)做到了	基本(60%)做到了	没做到
了解网络营销评估的概念				
理解营销评估体系的建立				
熟悉网络营销评估的步骤				
自我总结　我的优势　我的不足　我的努力目标　我的具体措施				

● 小组评价

主　要　内　容	小组评价等级(在符合的情况下面打"√")			
	全都做到了	大部分(80%)做到了	基本(60%)做到了	没做到
了解网络营销评估的概念				
理解营销评估体系的建立				
熟悉网络营销评估的步骤				

建议

　　组长签名:　　　　　　　　　　　　　　　　　　　　年　月　日

● 教师评价

主　要　内　容	教师评价等级(在符合的情况下面打"√")			
	优　秀	良　好	合　格	不合格
了解网络营销评估的概念				
理解营销评估体系的建立				
熟悉网络营销评估的步骤				

评语

　　教师签名：　　　　　　　　　　　　　　　　　　　　　　年　月　日

· 项 目 练 习 ·

一、单选题

1. 第一代移动电子商务的技术基础是(　　　)。

A. 短讯　　　　　　　　B. 3G　　　　　　　　C. WAP　　　　　　　D. 4G

2. Web Service 是第几代移动电子商务的技术？(　　　)

A. 第一代　　　　　　　B. 第二代　　　　　　C. 第三代　　　　　　D. 第四代

3. SoLoMo 中的"Lo"指(　　　)。

A. 社交化　　　　　　　B. 本地化　　　　　　C. 移动化　　　　　　D. 商业化

4. SoLoMo 中的"Mo"指(　　　)。

A. 社交化　　　　　　　B. 本地化　　　　　　C. 移动化　　　　　　D. 商业化

5. SoLoMo 中的"Lo"需要用到什么功能？(　　　)

A. 社交功能　　　　　　B. LBS 功能　　　　　C. 广告功能　　　　　D. 评价功能

二、多选题

1. 下列哪几项是第三代移动电子商务系统的技术？(　　　)

A. 3G　　　　　　　　　B. VPN　　　　　　　C. 数据库同步　　　　D. 身份认证

2. 移动电子商务的特点有哪几项？(　　　)

A. 定制化服务　　　　　B. 潜在用户多　　　　C. 易于推广　　　　　D. 易于技术创新

3. 移动电子商务提供哪些业务？(　　　)

A. 银行业务　　　　　　B. 金融交易　　　　　C. 订票　　　　　　　D. 购物

4. App 营销模式包括(　　　)。

A. App 内置广告　　　　　　　　　　　　　　B. 利用现有 App"线上＋线下"互动

C. 自有 App　　　　　　　　　　　　　　　　D. 网页广告

5. 微信营销形式包括(　　　)。

A. 漂流瓶　　　　　　　B. 公众平台　　　　　C. 企业服务号　　　　D. 在线客服

三、判断题

1. 第二代移动电子商务采用了 3G 技术。　　　　　　　　　　　　　　　　　(　　　)

2. SoLoMo 中的"So"使用了 LBS 功能。　　　　　　　　　　　　（　　）

3. App 内置广告是 App 营销模式的一种。　　　　　　　　　　　（　　）

4. 移动电子商务只提供购物业务。　　　　　　　　　　　　　　　（　　）

5. 点对点精准营销是微信营销的特点之一。　　　　　　　　　　　（　　）

项目九 网络营销评估

【项目导读】

由于网络营销是基于互联网而生,所以它具有很多互联网的特性,比如数据化和可量化。网络营销的全过程都可以通过数据来计量,有助于帮助企业计划成本、评估产出,从而合理、科学地开展网络营销活动。要做好网络营销也需要及时了解和整理相关数据,比如消费者什么时候浏览网页,对什么产品感兴趣,最后购买什么产品,消费水平怎么样等。在本任务中,我们将了解网络营销评估的概念、指标体系设置和实施步骤。

【项目学习目标】

1. 了解网络营销评估的概念和作用;
2. 理解网络营销评估的指标体系;
3. 掌握网络营销评估的实施。

【项目任务分解】

1. 了解网络营销评估;
2. 熟悉网络营销评估的指标体系;
3. 学习网络营销评估的实施。

任务一 了解网络营销评估

【任务描述】

随着信息科技的飞速发展,网络营销在企业营销中的作用日渐凸显。不同网络营销活动对企业和社会带来的效益不同。开展有效的网络营销评估工作至关重要。在本任务中,我们将了解网络营销评估的概念、作用。

【任务实施】

一、网络营销评估的概念

网络营销评估就是对企业开展的一系列网络营销活动开展的评价,以达到总结和优化经营的目的。

在信息化大背景下,企业要想做出最优的营销方案,唯有仔细分析和研究数据,从数据中找出规律。所以,分析数据是评测网络营销的关键之处。但是,在浩如烟海的数据信息中,我们怎样采集和分析呢?目前较为通用的方法就是关注三个数据——印象、点击、转化。

① 印象。企业广告在目标受众面前展现的次数。

② 点击。有多少人点击了你的广告。

③ 转化。有多少人看到广告后进行了购买。

二、网络营销评估的作用

网络营销评估是一个系统工程,需要设立一个完善的评价指标体系,还需要企业各部门的通力配合,这样才能收到良好的评估效果。

网络营销评估的作用:

① 通过数据比较,可以知道哪个推广平台给企业带来的转化最高,为企业寻找合适的推广平台提供帮助。

② 整理和分析数据,计算出月度、季度、年度投资收益率,为企业经营管理策略提供依据。

③ 通过网络营销评估数据,知道广告的投放效果和企业产品销量情况。

④ 通过网络营销评估,可以知道企业开展的营销活动中,哪个营销活动效果更好。

 【任务评价】

● 自我评价

主　要　内　容	自我评价等级(在符合的情况下面打"√")			
	全都做到了	大部分(80%)做到了	基本(60%)做到了	没做到
熟悉网络营销评估的概念				
理解网络营销评估的作用				
自我总结　我的优势				
我的不足				
我的努力目标				
我的具体措施				

● 小组评价

主　要　内　容	小组评价等级(在符合的情况下面打"√")			
	全都做到了	大部分(80%)做到了	基本(60%)做到了	没做到
熟悉网络营销评估的概念				
理解网络营销评估的作用				
建议 　组长签名:				年　月　日

- 教师评价

主 要 内 容	教师评价等级(在符合的情况下面打"√")			
	优 秀	良 好	合 格	不合格
熟悉网络营销评估的概念				
理解网络营销评估的作用				
评语				
教师签名：			年　月　日	

任务二　熟悉网络营销评估的指标体系

【任务描述】

　　网络营销的重要性已经得到企业的认同,因此企业也更多地关注网络营销绩效的评估。作为网络营销评估的关键,网络营销评估的指标体系的设置关系到整个评估工作的顺利进行和评估结果的科学性。在本任务中,我们将了解网络营销评估指标体系的内容。

【任务实施】

一、　建立网络营销评估体系的原则

　　网络营销评估体系的建立需要遵循以下六点原则:

1. 目的性

　　网络营销评估体系的目的性是指企业设置指标体系是以一定的企业评价结果为目的的,比如企业以改进营销策略为目的设置指标体系。

2. 系统性

　　系统性是指各指标之间具有一定的联系和一定的结构,所有指标能构成一个比较有内在联系的系统。[1]

3. 科学性

　　科学性是指每项指标的设置必须合理科学。

4. 简洁明确

　　网络营销评估体系必须简洁明确,方便企业进行网络营销的评估。

5. 实用性

　　评估指标的设置必须可以进行测量和评价,如果评估指标过于抽象,那么在后期的评估过程中将会给工作人员造成困扰。

[1]　吴玉鸣：中国区域投资环境评估指标系统的构建及综合评价方法[J].南都学坛：人文社会科学学刊,2002,22(2).

6. 定量与定性相结合

为了评估的准确性和科学性,在企业的营销评价指标中,需要将定量分析与定性分析相结合。

二、网络营销评估指标体系

不同的营销活动和企业所建立的评价指标也不相同,但整体来看,网络营销评价指标大部分都会涉及以下七点:网络广告效果、销售促进效果、网站效益、营销效率、财务效果、竞争效率、社会公众导向效果。每一项指标又可以根据具体的企业营销特点进行再次细分,如图9-1所示。

图9-1　网络营销评估指标体系

1. 网络广告效果评价指标

① 顾客对信息的满意度;

② 由网络广告所带来的消费客户数量;

③ 每次咨询成本,就是咨询成本除以进入网站咨询的人次之后的结果;

④ 每千人网络广告成本,就是每一千人获取信息或者购买产品、服务的广告成本。

2. 销售促进效果评价指标

① 顾客增加比例:即进入企业网站的顾客增长百分比;

② 访问者中购买企业产品或服务的顾客增长比例;

③ 每千人的销售额增长率;

④ 市场扩大速度,即企业开展网络营销前后的市场占有率比。

3. 网站效益评价指标

① 网站设计评价;

② 登记网页浏览信息的数量和排名;

③ 在其他网站的链接数量;

④ 注册用户数量;

⑤ 独立访问者数量：指在某一特定时间段访问网站的人数；

⑥ 页面浏览数：在一定时期内所有访问者浏览的页面数量；

⑦ 用户在网站的停留时间：用户浏览网页所花费的时间；

⑧ 用户在每个页面的平均时间：即访问者在网站停留总时间与网站页面总数之比。

4. 网络营销效率评价指标

① 网络广告费边际效率：准确反映网络营销广告投资的效果；

② 信息利用率，指本企业直接利用的网上信息数与企业经过内部处理的信息数之比，反映企业对于网络营销搜集到的信息的利用比率；

③ 访问人数中有消费倾向者的比率：体现网络营销活动的吸引力；

④ 开拓新市场的单位费用：反映企业争取新客户的成本；

⑤ 占领单位市场份额的成本：体现网络营销活动的实际效果。

5. 财务效果评价指标

① 资产负债率：用于衡量企业进行网络营销时负债水平高低情况；

② 流动比率：用于衡量企业在某一时点偿付即将到期债务的能力；

③ 应收账款周转率：用于衡量企业进行网络营销时应收账款周转快慢；

④ 存货周转率：用于衡量企业在一定时期内存货的周转次数。

6. 竞争效率评价指标

① 顾客渗透率：通过本企业网站购买商品的顾客占所有访问顾客的百分比；

② 顾客忠诚度：顾客从本企业网站所购商品与其所购同种商品总量的百分比；

③ 顾客选择性：即本企业网上顾客的购买量相对其他企业网上顾客的购买量的百分比；

④ 价格选择性：即本企业网上商品平均价格同其他企业网上商品平均价格的百分比，反映本企业网上商品价格竞争的优势。

7. 社会公众导向效果评价指标

① 社会经济影响力：反映企业网络营销活动对整个社会经济的推动作用；

② 网络社区影响力：网络营销活动对其所处网络社区的精神文明等方面的影响；

③ 消费者影响力：网络营销活动对消费者的消费观念、思想意识等产生的影响；

④ 品牌价值提高度：企业在进行网络营销的过程中对建立商品品牌所做的贡献；

⑤ 竞争者仿效率：企业所采取的网络营销手段被同类企业效仿的比率。

【任务评价】

● 自我评价

主 要 内 容	自我评价等级(在符合的情况下面打"√")			
	全都做到了	大部分(80%)做到了	基本(60%)做到了	没做到
熟悉网络营销评估的指标				
理解指标体系建立的原则				
了解七项主要的评估指标				
自我总结　　我的优势　　我的不足　　我的努力目标　　我的具体措施				

● 小组评价

主 要 内 容	小组评价等级(在符合的情况下面打"√")			
	全都做到了	大部分(80%)做到了	基本(60%)做到了	没做到
熟悉网络营销评估的指标				
理解指标体系建立的原则				
了解七项主要的评估指标				

建议

　　组长签名：　　　　　　　　　　　　　　　　　　　　年　　月　　日

● 教师评价

主 要 内 容	教师评价等级(在符合的情况下面打"√")			
	优 秀	良 好	合 格	不合格
熟悉网络营销评估的指标				
理解指标体系建立的原则				
了解七项主要的评估指标				

评语

　　教师签名：　　　　　　　　　　　　　　　　　　　　年　　月　　日

任务三　　学习网络营销评估的实施

【任务描述】

企业在加大网络营销投入力度的同时,对营销评估的重视程度也越来越高。科学的评估指标设置、有序的评估流程是企业网络营销评估的保证。在上一任务中,我们了解了评估指标的设置和内容,接下来我们将学习如何进行网络营销评估。在本任务中,我们将通过一家企业的评估实施过程来学习网络营销评估的实施。

【任务实施】

一、网络营销评估步骤

以下是一个完整、简单的、结构性的五步网络营销效果评估模型(如图9-2所示),以帮助数字分析人员和营销人员对目标进行结构性的思考。

图9-2　网络营销评估步骤

从以上步骤来看,一个完整的、优秀的网络营销效果评估模型将侧重于营销的三个关键领域,我们可以通过提问的方式来了解这三个领域的内容:

1. 流量获取

你的网站或视频的流量来源有哪些?
是否包含了各类型来源媒介?
各类型媒介的优先级分别是怎么样的?
哪一块是最应努力推广的方向?

2. 用户行为

你希望当用户进入网站后的行为是哪些?
他们应该看哪些页面?
他们应该看哪些视频?
他们是否应该多次访问?
他们是否应该采取一些行动?

3. 产出

什么样的产出可以表现网站营销活动的价值?

下载?来电?线上转换?促销活动?电子邮件注册?用户购买了你的产品/服务?95%的任务完成率?还是10%的品牌认知度的提升?

有了宏观的框架,我们可以通过以下案例来具体了解网络营销评估模型的实施。

二、 网络营销评估实施

我们以一个房地产企业的营销案例为例来了解网络营销评估的具体实施。该房地产企业包含了线上线下两部分的业务,对营销效果评估时,是线上线下同时进行评估,所以在指标的设置上包括了线下的衡量。

王经理是该房地产企业的经理,2017年6月,王经理接到任务,要对公司的营销活动进行评估,于是王经理和几名同事组建了一个评估小组,开始准备对公司的营销进行评估,以下是他们的工作步骤:

1. 确定商业目的

在确定目标时,王经理和他们同事思考这个问题:为什么会有这个网站或这次营销活动?

王经理和同事以及公司的高层负责人进行了多次讨论,作了深入的沟通,以确定该网站或营销活动存在的原因。

最后确定了三个目的:提升知名度、产生转换以及加强事件参与度,如图9-3所示。

图 9-3　确定商业目的

需要注意的是,商业目的的设置,需要考虑以下几点因素:

① 可行的;

② 易于理解的;

③ 可管理的;

④ 利益相关的。

如果设置的目的不可行的、难以理解的、不可管理的、不相关的,那么这个评价活动就是毫无意义的,不具有说服力,也不会给企业带来任何价值。在制定完商业目的后还需要再问自己一句:制定的目的符合上边所列的特征要求吗?

2. 确定每个目的的目标

在确定好总目标后,王经理还需要和同事们一起制定每个目的的目标,分别制定好每个目

的的目标后,可以得到如图 9-4 所示模型:

图 9-4　确定目标

通过这个模型,我们可以清楚明了地看到目标与目的的关系。

"提升知名度",企业可以采取线上和线下的推广活动。

"产生转换",可以通过提高邮箱的注册数量和可联系客户的数量这两种方式进行。

"加强事件参与度"是指针对一些潜在的企业客户开展的活动,通过互动活动吸引客户参加,以培养客户的忠诚度。

这些目标提供了清晰的信息,但它们也包含了大量的营销人员和分析师需要完成的具体工作项。

3. 确定关键绩效指标(KPI)

第三步,王经理和团队中的分析师需要把每个目标数据化,设置可量化的 KPI 指标,把表格填充,如图 9-5 所示:

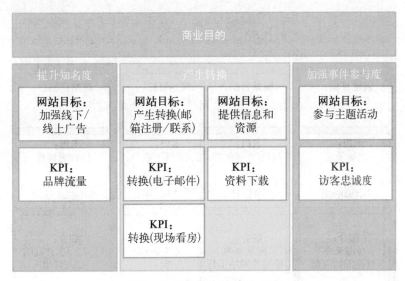

图 9-5　确定关键绩效指标

4. 确定指标

设置好了指标,王经理还需要和部门的相关业务员、负责人一起制定每个指标的业绩数据。这些业绩数据可以根据以往的业绩数据来制定,在完成这一步后,评估模型变成图 9-6 这样:

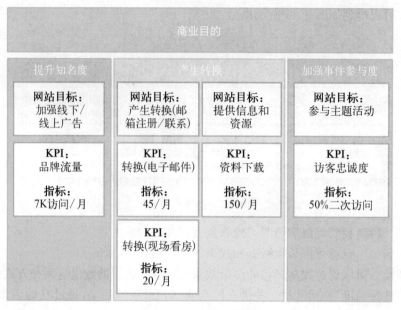

图 9-6   确定指标

5. 分析确定有价值的细分群组

经过前四步,王经理的评估模型已经差不多建好了,但是还需要最后一步,对每个目标进行细分,细分出每个目标的价值。

完成这一步后,评估模型看起来会像图 9-7 这样:

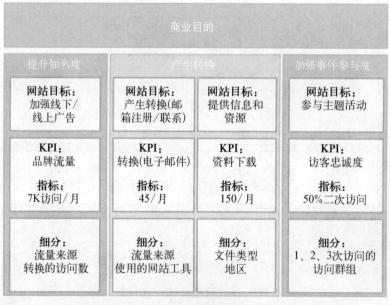

图 9-7   确定细分群组

什么样的访客群体对我们来说是很重要?我们期望的访问者行为有哪些?销售主要集中于哪一个来源?我们是在试图吸引哪些访客?在我们的网站上什么是重要的?你可以问自己更多这类重要的问题并尝试回答,以获得最佳的细分群组。整合后的模型如图 9-8 所示:

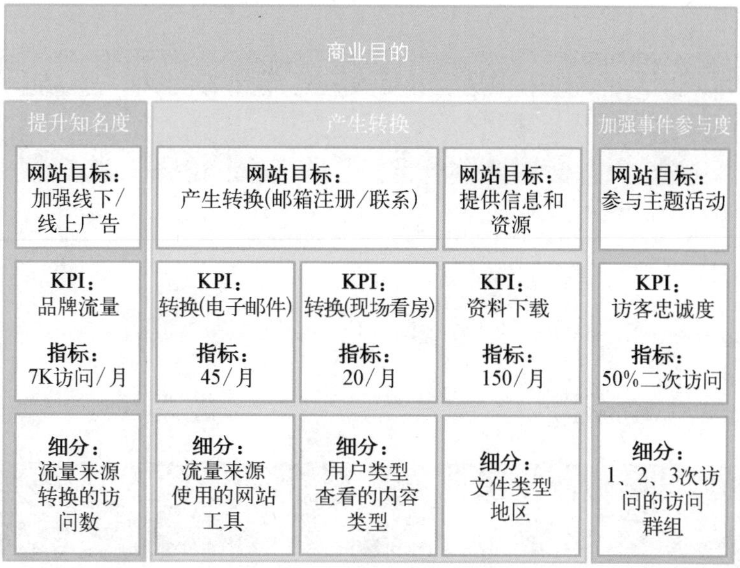

商业目的				
提升知名度	产生转换			加强事件参与度
网站目标：加强线下/线上广告	**网站目标：**产生转换(邮箱注册/联系)	**网站目标：**提供信息和资源		**网站目标：**参与主题活动
KPI：品牌流量 **指标：**7K访问/月	**KPI：**转换(电子邮件) **指标：**45/月	**KPI：**转换(现场看房) **指标：**20/月	**KPI：**资料下载 **指标：**150/月	**KPI：**访客忠诚度 **指标：**50%二次访问
细分：流量来源转换的访问数	**细分：**流量来源使用的网站工具	**细分：**用户类型查看的内容类型	**细分：**文件类型地区	**细分：**1、2、3次访问的访问群组

图 9-8　评估模型

这样一个完整的网络营销评估模型就建好了。

【任务评价】

● 自我评价

主　要　内　容	自我评价等级(在符合的情况下面打"√")			
	全都做到了	大部分(80%)做到了	基本(60%)做到了	没做到
熟悉评估的三个关键领域				
理解营销评估的五个步骤				
了解评估过程的指标分析				
自我总结　　我的优势 　　　　　　我的不足 　　　　　　我的努力目标 　　　　　　我的具体措施				

● 小组评价

主　要　内　容	小组评价等级(在符合的情况下面打"√")			
	全都做到了	大部分(80%)做到了	基本(60%)做到了	没做到
熟悉评估的三个关键领域				
理解营销评估的五个步骤				

续　表

主　要　内　容	小组评价等级(在符合的情况下面打"√")			
	全都做到了	大部分(80%)做到了	基本(60%)做到了	没做到
了解评估过程的指标分析				

建议
　　组长签名：　　　　　　　　　　　　　　　　　　　　　　年　月　日

● 教师评价

主　要　内　容	教师评价等级(在符合的情况下面打"√")			
	优　秀	良　好	合　格	不合格
熟悉评估的三个关键领域				
理解营销评估的五个步骤				
了解评估过程的指标分析				

评语
　　教师签名：　　　　　　　　　　　　　　　　　　　　　　年　月　日

· 项目小结与评价 ·

※ 项目小结

　　任何企业在做营销活动之后都会对该次营销活动效果进行评估,以了解营销活动的收益情况。营销评估是网络营销的最后一个环节,也是企业经营者及时了解企业经营情况的主要途径之一。在本项目中,我们了解了网络营销评估的内涵、网络营销评估指标和网络营销评估实施,了解这三个方面的内容可以帮助我们评价一个企业营销活动是否成功。学习网络营销评估的实施过程,不仅可以对前面实行的各种营销内容进行检验,还可以为之后的营销内容提供借鉴。

※ 项目评价

● 自我评价

主　要　内　容	自我评价等级(在符合的情况下面打"√")			
	全都做到了	大部分(80%)做到了	基本(60%)做到了	没做到
了解网络营销评估的概念				
理解营销评估体系的建立				

续 表

主 要 内 容	自我评价等级(在符合的情况下面打"√")			
	全都做到了	大部分(80%)做到了	基本(60%)做到了	没做到
熟悉网络营销评估的步骤				
自我总结 我的优势 我的不足 我的努力目标 我的具体措施				

● 小组评价

主 要 内 容	小组评价等级(在符合的情况下面打"√")			
	全都做到了	大部分(80%)做到了	基本(60%)做到了	没做到
了解网络营销评估的概念				
理解营销评估体系的建立				
熟悉网络营销评估的步骤				

建议

　　组长签名：　　　　　　　　　　　　　　　　　　　年 月 日

● 教师评价

主 要 内 容	教师评价等级(在符合的情况下面打"√")			
	优 秀	良 好	合 格	不合格
了解网络营销评估的概念				
理解营销评估体系的建立				
熟悉网络营销评估的步骤				

评语

　　教师签名：　　　　　　　　　　　　　　　　　　　年 月 日

·项 目 练 习·

一、单选题

　　1. 网络营销评估的目的是(　　　)。

　　A. 总结和促进企业网络营销活动　　　　B. 吸引更多的顾客

C. 促进商品销售 D. 分析竞争对手

2. 印象是指（　　　）。

A. 广告展现在受众面前的次数 B. 人们对企业的认知

C. 媒体对企业的评价 D. 第三方企业的评价

3. 下列哪一项是网络营销评估指标体系的建立原则？（　　　）

A. 定量与定性相结合 B. 差异性

C. 信息性 D. 虚拟性

4. 下列哪一项不是网络营销评估指标体系的建立原则？（　　　）

A. 目的性 　　　B. 科学性 　　　C. 简洁明确 　　　D. 差异化

5. 网络营销评估的第一步是（　　　）。

A. 确定指标 B. 确定商业目的

C. 确定每个目的的目标 D. 分析确定有价值的细分群组

二、多选题

1. 下列哪几项是网络营销评估的指标？（　　　）

A. 网站效益 　　　B. 营销效率 　　　C. 财务效果 　　　D. 竞争效率

2. 网络营销效果评估的作用有哪几项？（　　　）

A. 有效地评测出哪个推广平台更适合企业的发展。

B. 对所有数据进行统计分析得出月度、季度、年度投资收益率。

C. 通过网络营销效果评估评测出哪些产品销量好，哪些产品销量不好。

D. 通过网络营销效果评估评测出哪个营销活动更有效。

3. 网络广告的评价指标包括（　　　）。

A. 顾客对信息的满意度

B. 由于网络广告刺激而购买产品或服务的顾客百分比

C. 每次咨询成本

D. 每千人网络广告成本

4. 财务效果评价指标包括（　　　）。

A. 资产负债率 B. 应收账款周转率

C. 流动比率 D. 存货周转率

5. 社会公众导向效果评价指标包括（　　　）。

A. 社会经济影响力 B. 网络社区影响力

C. 消费者影响力 D. 品牌价值提高度

三、判断题

1. 所有的企业网络评估指标都是一样的。 （　　　）

2. 网络营销评估指标体系应该简洁明确。 （　　　）

3. 网络营销评估指标应该都可以量化。 （　　　）

4. 网络营销评估有五个步骤。 （　　　）

5. 网络营销评估首先应该确定企业的商业目的。 （　　　）